생명체의 오랜 테마

원칙과 변칙
그리고 반칙

전헌호 지음

 도서출판 장락

생명체의 오랜 테마

원칙과 변칙
그리고 반칙

초판 1쇄 인쇄 | 2008년 3월 3일
초판 2쇄 발행 | 2013년 12월10일

지은이 | 전헌호
펴낸이 | 장말희
펴낸곳 | 도서출판 장락
편집 · 표지디자인 | 이경숙
출판등록 | 제21-251호 1991년 7월 25일
주소 | 경기도 성남시 분당구 수내동 11-1 청구블루빌 915호
전화 | 031-716-7306
팩스 | 031-593-7319

ISBN 978-89-91989-07-8 03300
ⓒ 도서출판 장락, 전헌호

생명체의 오랜 테마

원칙과 변칙 그리고 반칙

전헌호 지음

차 례

머리말

우리는 창조주로부터 생명을 부여받아 이 땅에서 일정한 기간을 살아가는 축복받은 존재입니다. 그 축복을 구현해 나가는 작업으로 여러 종류의 행위를 하는데, 그 중에서도 서로 말이나 글을 주고받는 행위는 매우 중요한 것에 속합니다. 숨을 쉬고 물을 마시며 음식을 먹음으로써 몸의 건강을 가꾸고, 말과 글을 주고받음으로써 마음의 건강을 가꾸어갑니다. 가까이 있는 사람들과는 얼굴을 마주대하여 말을 주고받고, 멀리 있는 사람들과는 글을 주고받으며 서로의 마음을 나누고 풍요하게 합니다.

글 중에는 노래의 가사가 되는 시, 놀이의 대사가 되는 각종 대본, 이야기가 되는 소설, 편지, 수필, 칼럼, 일기와 같은 종류들이 있습니다. 수필이 이야기하는 사람의 감성이 많이 개입하는 글이라면, 칼럼은 이성이 많이 개입하는 글로 보아도 무리가 아닐 것으로 생각합니다.

나이가 들면서 세상의 다양한 모습을 체험하고 많은 것을 배우게 되고, 이에 따라 하고 싶은 말도 많아집니다. 이렇게 되면 그것을 쏟아내고 싶은 압박감을 강하게 느끼게 됩니다. 이런 때에 많은 독자들을 대상으로 말할 수 있는 기회가 주어진다는 것은 참으로 기쁘고 감사할 일입니다.

필자는 지난 여러 해 동안 그러한 기쁨을 마음껏 누려 온 행복한 사람입니다. 「가톨릭신문」에서 환경칼럼을 정기적으로 얼마동안 집필해 달라고 요청해왔을 때 얼마동안이 아니라 오랫동안 그 일을 하고 싶었습니다. 상상력이 풍부하고 언어를 다루는 능력이 뛰어난 시인은 모든 것을 한 편의 시에 담아낼 수 있겠지만, 논리적인 전개를 좋아하는 필자와 같은 이야기꾼은 구체적이고도 섬세한 글쓰기를 좋아합니다. 그러다 보니 연재를 시작할 때는 글이 꼬리를 물고 이어져서 천일의 야화 못지않을 것만 같았는데, 그예 끝을 맺게 되었습니다.

그렇게 시작한 글이 이제 때가 되어 한 권의 책으로 세상에 나오게 되었습니다. 행복하게 글을 쓸 기회를 주심에 신문사의 사장님을 비롯한 관계자님들께 늘 감사하는 마음을 품고 있던 차에 책이 발간되는 데 대해 누구에게보다 먼저 감사하고 싶습니다.

그러나 이 책에 대한 직접적인 감사는 아무래도 도서출판 장락의 장말희 마리아 사장님께 해야 하겠습니다. 칼럼 원고가 책으로 발행되는 데에 필요한 모든 일을 하신 분이기 때문에 그러합니다. 또한 이 글을 쓰는 과정에서 필자 곁에서 도운 모든 사람에게도 깊은 감사를 드리고, 읽는 독자 여러분께도 감사를 드립니다. 모든 글은 궁극적으로는 독자를 염두에 두고 있고 독자가 없는 글은 허공에다 외치는 빈말에 지나지 않을 것이기 때문입니다.

이 모든 현상의 주재자이신 하느님께는 영광, 그 현상을 살아가는 사람들에게는 평화!

무학산 자락 대구가톨릭대학교 연구실에서
전헌호 신부

하나

원칙과 변칙
그리고 반칙

언제나 있어 온 말이지만, 근래에 들어 부쩍 우리 사회가 원칙을 존중하지 않아 병폐가 깊어졌다는 말이 자주 나오고 있다. 정치계는 말할 것도 없고 재계, 학계, 체육계, 예술계 어디든 원칙보다는 변칙과 반칙이 난무하고 있다는 탄식소리가 여기저기서 들려온다. 이는 인간환경에도 깊이 관련된 중요한 문제이기에 여기서 깊이 다루어 보고자 한다.

원칙과 변칙 그리고 반칙은 인간의 삶에 깊이 뿌리박고 있는 오래된 테마다. 인간의 삶은 처음부터 이 셋과 더불어 살아왔다 해도 과언이 아닐 것이다. 원칙만 지켜서는 배고픔과 추위를 면할 수 없었기 때문이다. 생명체가 살아가는 데에는 많은 에너지가 필요하다. 식물은 햇빛을 받아 광합성을 해서 생활에너지를 얻고, 동물은 식물이나 다른 동물을 섭취하는 것으로 생활에너지를 얻는다.

낮이면 무상으로 엄청나게 쏟아지는 햇빛을 활용해 광합성을 하는 식물들은 그 햇빛을 잘 받을 수 있는 자리를 확보해야 하고, 동물들은 식물이나 다른 동물을 먹이로 취하는 노력을 해야 한다. 이러한 과정에서 각자 나름대로 생존을 위해 전략을 세우고 투쟁해 나간다. 식물은 자신의 뿌리를 내릴 수 있는 땅과 햇빛이 비치는 일정한 공간을 확보하기 위해 다른 수많은 식물들과 경쟁을 해야 하고, 동물은 식물이 공들여 합성해 놓은 생활에너지를 먹이로 취하기 위해, 다른 동물의 몸 안에 들어 있는 생활에너지를 취하기 위해 노력해야 한다.

　이 일은 결코 만만치 않다. 초원과 숲을 멀리서 바라보면 평화로운 듯 보여도 가까이 가서 식물의 생태계를 깊이 들여다보면 처절한 생존경쟁이 벌어지고 있는 것을 어렵지 않게 파악할 수 있다. 열심히 자라서 남보다 먼저 위로 올라가지 않으면 그렇게 하는 다른 개체에 눌려서 햇빛을 확보할 수 없다. 그러면 오래지 않아 사멸이 찾아든다. 세상에 공짜가 없다는 말은 식물들에게도 해당되는 셈이다.

　초식동물이 생활에너지를 확보하는 것은 식물보다 더 어렵다. 식물들이 어렵게 합성한 생활에너지를 쉽게 내줄 리 만무하기 때문이다. 동물은 자신에게 생활에너지를 대주는 식물에게 도움을 주어야 생활에너지를 지속적으로 받을 수 있다. 그렇지 않고 자기만 생각한다면 오래지 않아 식물을 멸종시키는 일이 생겨날 것이고 그러면 자신도 곧 사멸을 면할 수 없게 된다. 그래서 벌과 나비같이 식물의 수정을 돕거나 새나 코끼리같이 이동성이 없는 식물의 씨앗을 먹고 먼 곳으로 이동해서 배설을 하여 그곳에서 그 종의 식물이 번식할 수 있도록 도와주어야 한다.

　육식동물이 먹이를 구하기는 더욱 어렵다. 가만히 앉아 자신의 목숨을 쉽게 내놓을 동물이 어디 있겠는가? 부지런히 찾아다니고 용맹하게 공격해야 한다. 이를 위해서는 원칙뿐만 아니라 변칙과 반칙까지 과감하게 동원해야 한다. 먹이가 지나다니는 길에 숨어서 기다리다가 갑자기 덮치거나, 함정이나 그물을 놓거나, 야밤을 이용하거나, 다른 동료들과 협력하여 도망치지 못할 곳으로 몰아붙여야 한다.

잡식동물인 사람이 수집과 수렵생활을 하던 때에는 생활에너지를 확보하는 데에 많은 어려움이 있었다. 인류 역사의 오랜 기간 동안 거대한 미지의 자연 속에서 많은 고통을 견디며 생존을 위한 투쟁을 해야만 했다. 자연에서 식물이 제공하는 먹을거리로 생존하기에는 언제나 많은 수고를 해야 했고 넓은 지역을 다녀야 했다. 구할 수 있는 양도 일정하지 않았다. 어느 한 곳에서 많은 먹을거리를 발견했다 해도 저장기술이 부족하여 어려움이 많았고 추운 겨울에는 고통이 이만저만 아니었다.

동물을 잡아먹는 것은 다른 육식동물들과 마찬가지로 변칙과 반칙을 수시로 동원해야 가능한 일이었다. 쉽게 잡아먹힐 동물들이 아니었기 때문이고, 원칙을 지켜(?) 정면으로 도전하기에는 인간의 몸이 너무 느리고 약했기 때문이다. 결국 머리를 써 함정을 파서 사슴이나 토끼가 지나다 빠지게 했고, 올가미나 덫을 놓기도 했으며, 날카로운 촉을 단 화살을 쏘아대기도 했다.

이런 상황에서 자신과 가족 그리고 동료들의 생존을 유지하는 일보다 더 우선적인 것은 없었다. 무슨 수를 동원하든 일단 먹고살아야 했다. 체면과 윤리, 도덕을 따지는 일은 그 다음 문제였다. 때로는 호랑이에게도 덤벼들어야 했고, 이웃 씨족이나 부족과 한판 전쟁을 치르는 고통에 뛰어들기도 해야 했다.

패배나 양보는 곧 죽음을 의미했기에 온갖 수단방법을 동원해야 했다. 원칙과 변칙 그리고 반칙을 분간할 겨를이 많지 않았다. 이것을 분간하고 원칙을 지키는 일은 원시사회에서도 필요할 때가 많았지만 함께 협력하는 동료의 범위 안에서나 있던 것이었다. 도처에 적으로 가득한 상황에서는 믿음보다는 의심, 원칙보다는 변칙이나 반칙이 우선이었다. 이런 측면에서 오늘날 원칙이 지속적인 관심의 대상이 되어 논의되고 있는 것은 인류의 역사에서 상당히 진보한 시대에 접어들었다는 것을 의미하고, 이제야 비로소 인간다운 인간의 영역에 접어들고 있음을 의미하기도 한다.

오늘날의 인류는 원칙을 지키는 일이 매우 가치 있는 일이고 인간의 품위를 높이는 일로서 당연히 그렇게 해야 한다는 것을 인식하고 있는 정도의 높은 도덕적 · 양심적 수준에 도달해 있다. 그래서 원칙을 지키지 못할 경우에는 마음고생을 하기도 한다. 그럼에도 불구하고 필요한 경우 변칙과 반칙을 동원한다. 핏속에 흐르는 본능이 발동하기 때문이고, 이것을 이기기에는 아직 더 많은 수련의 세월이 흘러야 하기 때문일 것이다.

함께하는 원칙과 변칙 그리고 반칙

원칙과 변칙 그리고 반칙은 우리의 삶 곳곳에 스며 있고, 서로 교묘히 조합되어 삶이 되게 하고 역동적이게 한다. 원칙만 지키고 원칙적인 말만 하는 사람들로 가득 찬 세상을 상상하면 과연 그런 세상에서 살기를 원하는지는 한번 고려해 보아야 할 것이다. 유머감각이 개입할 여지가 없어 삶이 빡빡하고, 창조적인 영감을 갖기 어려운 삶이 지루하게 지속될 것이다. 그렇다고 변칙이 난무하는 곳에서는 서로 신뢰하기 어려워 불안하고 고통스러울 것이다. 반칙만 있는 세상에서는 도대체 삶이 불가능할 것이다.

밭농사를 지을 때에도 이 셋은 함께한다. 땅을 갈아엎고 잡초를 뽑아내며 독한 농약을 치는 행위는 땅이나 동식물의 입장에서는 반칙을 범하는 것이다. 타 지역에서 우수한 종자나 새로운 품종을 들여오고, 박의 뿌리에 수박을 접붙여 키우며, 돌연변이로 생긴 뛰어난 종자를 보편화하는 것은 변칙에 속할 것이다. 철에 맞춰 씨앗을 뿌리고 물을 주며 자라기를 기다렸다가 수확하는 것은 원칙을 지키는 일에 해당될 것이다.

가축을 키우는 데에도 이 셋은 함께한다. 결국은 잡아먹을 목적으로 가축을 키우는 행위에는 처음부터 속임수가 들어간다. 소나 돼지에게 양질의 먹이를 주면서 심리적 안정을 갖도록 하여 무럭무럭 자라도록 하는 데에는 언제나 성실히 먹이를 주고 돌보는 원칙을 지키기도 해야 하고, 종자를 개량하는 변칙을 가미하기도 해야 하며, 본질적으로는 인간을 위한 것이 아닌 달걀이나 우유를 모아 판매하고 마침내 가축을 죽음으로 몰아넣는 반칙을 감행하기도 해야 한다. 인간이 살기 위해 가축에게 모진 짓을 모질다 생각지 않고 감행해야만 한다.

바다에 사는 해조류나 물고기를 잡아들이는 데에도 이 셋은 함께한다. 미역이나 김과 같은 바다 속 식물들이 충분히 자라기를 기다리는 것은 원칙을 지키는 일에 해당될 것이고, 자연의 바다 속에서 충분히 잘 자라는 그들을 인위적으로 양식하는 일은 변칙에 속할 것이며, 마침내 채취하여 먹거나 시장에 내다 파는 것은 그들의 입장에서는 반칙에 해당될 것이다. 철따라 이동하는 물고기 떼가 오기를 인내로 기다리는 것은 원칙에 해당될 것이고, 그물이나 낚시라는 함정을 이용해 그들을 잡아 올리는 것은 반칙에 해당되며, 인공적으로 양식을 하는 것은 변칙에 해당될 것이다.

물론 이 모든 것은 원칙을 지키며 정당하게 행하는 인간의 생업에 해당된다는 주장도 옳을 것이다, 어떤 시각으로 보는가에 따라서.

원칙과 변칙 그리고 반칙이 혼재해서 오히려 흥미로운…

만일 미식축구나 럭비에서 사용하는 공이 타원형이 아니고 온전히 둥글거나 네모라면 사람들이 그렇게 큰 흥미를 갖지 않을 것이다. 아무리 정교하게 발로 차고 패스를 하더라도 예측하기 힘든 부분이 있기 때문에 흥미진진해 하는 것이고, 체격이 대단히 큰 선수들이 교묘하게 반칙을 하기도 하고 그것이 원인이 되어 때로는 한데 엉겨 붙어 난투극을 벌이는 일이 생기기 때문에 재미있어 한다.

손으로 비교적 원칙적으로 진행하는 핸드볼 경기보다는 무딘 발과 머리로 하는 축구에 사람들이 더 열광하는 이유도 마찬가지일 것이다. 공을 아무리 정확하게 찰 수 있는 선수일지라도 발로 차는 것이기 때문에 오차 범위가 크고, 그래서 확률이 개입할 여지가 있어서 사람들은 손에 땀을 쥐며 축구 시합의 긴장감을 즐길 수 있을 것이다. 때때로 행하는 심한 태클이나 몸싸움의 반칙도 즐거움을 더하는 요인이다. 반칙이나 몸싸움이 전혀 없는 성인군자들의 축구경기를 생각해 보면 그 맛이 어떨 것인지 어렵지 않게 짐작할 수 있다. 승부를 조작한 경기에 흥미를 갖기 힘들 것이고, 남북한 친선 축구경기처럼 서로 양보하는 경기는 만남 자체의 의미만 있을 뿐이다.

우리나라와 가까운 일본 그리고 미국 사람들이 즐기는 야구에는 원칙과 변칙 그리고 반칙이 좀 더 많이 개입되기 때문에 더 많은 관중이 몰려드는 것으로 생각된다. 공을 잘 치는 타자에게 공을 치지 못하도록 교묘하게 던지는 투수가 훌륭한 투수다. 타자를 잘 속여 삼진 아웃을 많이 잡아내는 투수일수록 훌륭하고, 그 의도를 꿰뚫어 보고 정확하게 예측하여 펜스를 넘기는 타자가 훌륭한 선수로 대접받는다. 서로 상대편을 잘 속여야 하는 것이 처음부터 경기에 들어 있고, 속이는 데에 누가 어느 만큼 성공할는지 예측하기 쉽지 않은 것에 흥미가 들어 있다. 또한 타자의 방망이를 떠난 공이 어디에 떨어져서 어떻게 굴러갈지 예측하기에는 변수가 너무 많은 것에 흥미가 있다.

100m 달리기나 투창, 멀리뛰기나 높이뛰기 같은 기록경기에서 좋은 기록을 낸 선수들을 칭찬하고 그들의 초인적인 기량과 인내심에 감탄하면서 인간승리를 기꺼이 축하한다. 그러나 초인적 기록을 달성하기 위해 다른 모든 일은 제쳐두고 그 일만 하는 것은 인간의 삶으로서는 다소 변칙적이라 하지 않을 수 없다.

하여간 현대인이 열광하는 것 중 하나인 스포츠에는 원칙과 변칙 그리고 반칙이 교묘하게 혼합되어 있기 때문에 흥미진진한 것만은 틀림없어 보인다.

예술도 가능케 하는 원칙, 변칙, 반칙

전업 작가로서 그림을 그리는 데에만 몰두하고 있는 절친한 친구 화가의 작품이 마음에 들기도 하고 생활비도 보태줄 겸, 없는 돈을 모아 그의 화실에 찾아가 10호 크기의 그림 하나를 손에 들었다. 붓 대신 나이프를 사용하여 힘찬 터치로 산을 멋지게 그린 작품이었다. 화폭 안의 모든 것이 조화를 이루고 있는데 없는 것이 나을 것 같은 짧은 선 두 개가 흠으로 보였다. 그래서 그에게 그 선을 왜 넣었는지 물으니, "조화를 깨는 이 선이 없다면 아마 그림이 너무 점잖고 밋밋할 거야. 없다고 생각해 봐, 느낌이 어떤지"라고 응수를 해왔다. 그 그림은 내 침대 옆벽에 걸려 있어 아침에 일어날 때마다 산의 정기를 느끼며 힘을 얻게 해준다. 때로는 작가의 인생에 대한 유머감각을 생각하기도 한다.

원칙과 변칙 그리고 반칙은 예술의 세계에도 교묘히 섞여들어 있다. 원칙만으로 작곡된 음악이나 그렇게 그려진 그림, 변칙만으로 작곡된 음악이나 그림, 반칙이 난무하는 음악이나 그림은 아마 잠시는 견딜 수 있어도 오래 가까이 하기는 힘들 것이다. 그런 작품은 우리 정서에 너무 답답하거나 불안하고 종종 역겹기까지 할 것이다.

규칙적으로 잘 진행되는 리듬과 멜로디가 계속 그렇게만 진행되면 기계적인 음에 지나지 않을 것이다. 높은 음과 낮은 음, 긴 음과 짧은 음, 조화와 부조화가 한데 교묘하게 섞여 예측하기 힘든 인생살이와 같이 우리의 마음을 파고들 때 위안과 아름다움을 느낀다. 조화로 가득 찬 고전음악이나 낭만파 음악의 위력에도 불구하고, 불협화음이 많이 섞인 현대음악이 살아남는 이유가 여기에 있을지도 모르겠다. 또한 재즈가 악보도 없이 연주자들이 서로 적당히 눈치를 보며 각자의 다양한 인생살이를 알아서 표현하는 음악이어서 인기를 끄는지도 모르겠다.

우리 전통악기 중 타악기로만 구성된 사물놀이가 이십여 년 전부터 인기를 끌고, 난타가 관객을 많이 동원하는 이유도 원칙과 변칙 그리고 때로는 반칙이 교묘한 조화를 이루고 있기 때문일 것이다. 조화를 이룰 수 없을 것 같은 가죽 타악기와 쇠 타악기, 별로 특별하지 않은 보잘것없는 크기와 모양, 도마나 냄비 또는 부엌칼처럼 악기라고 도저히 인정할 수 없는 것들, 인간의 능력을 뛰어넘은 것 같은 손놀림, 원초적 감각을 파고드는 소리와 같은 것들이 교묘한 조화와 부조화의 조화를 이루기에 전 세계인을 감동시키는 것이리라.

사물이나 사람을 참으로 아름답게 그려내던 젊은 시절의 피카소가 나이가 들어감에 따라 입체파를 거쳐 현대미술에 심취하여 이해하기 힘든 선과 면, 색채로 화폭을 채우기에 이른 것은 원칙과 변칙, 반칙이 한데 섞여 있는 인생의 깊은 면을 표현해 보려는 의도에서일 것이다. 그러한 그를 현대인은 동감하기에 그의 작품을 좋아할 것이다.

오늘날 창작에 대한 보상은커녕 노동의 대가도 되지 않는 값으로 그림을 내다 팔려고 해도 사는 사람이 없어 생계의 고통을 삶에 대한 애정과 푸른 예술혼의 정기로 버티는 화가와 조각가, 공예가들에게 연민의 정을 주고 싶다.

성공과 실패도 좌우하는 원칙, 변칙, 반칙

어느 텔레비전 프로그램이 오래 지속되느냐 그렇지 않느냐는 대개 시청률에 의해 결정된다고 한다. 이 말은 시청자인 대중이 주로 어떤 것을 선호하느냐에 따라 프로그램이 정해진다는 의미다. 원칙만을 보여 주고 강조하며 계몽하는 프로그램을 좋아하면 오늘의 우리 텔레비전에서 방송하는 것이 대부분 그런 프로그램들로 점철되어 있을 것이다. 그러나 실제에 있어서는 그렇지 않는 것을 쉽게 확인할 수 있다.

EBS 교육방송의 수준 높은 교양 프로그램과 좋은 강의들에 대한 시청률보다는 복잡한 인생살이를 다룬 일반 방송의 드라마 시청률이 훨씬 더 높다. 시청자들이 그러한 프로그램을 좋아하기 때문이다. 드라마에서 원칙적이고 아름다우며 교훈적인 내용들만 다룬다면 시청자들은 오래지 않아 식상해 할 것이고 다른 채널을 선택하고 말 것이다. 드라마가 원칙과 변칙 그리고 반칙이 어우러져 복합적으로 전개되는 인생살이의 실상을 제대로 반영하지 못한다고 느낄 것이기 때문이다.

원칙을 충실히 지켜 단 한 번의 문제도 발생하지 않은 어느 남녀의 모범적인 사랑이야기는 사람들의 관심과 흥미를 크게 불러일으키지 못한다. 그런 이야기는 마치 실제 세계가 아닌 가상의 세계를 표현하는, 완벽하게 그려진 그림이나 인형을 대하는 것과 같고, 인생의 진면목을 담고 있다기보다는 꾸며낸 이야기처럼 너무 인위적이어서 실제의 삶과는 거리가 멀게 느껴지기 때문이다.

극복하기 곤란한 우여곡절과 유혹을 물리친 사랑, 기존의 관념을 깨고 신분과 금력과 학력의 차이를 넘어선 사랑, 어려움이 있었으나 용서와 화해로 재결합한 사랑, 어떤 종류이든 한두 가지 흠을 안고 끙끙대는 사랑이 삶의 현장을 반영하는 것이고 가슴에 와 닿는 것이다. 때로는 쓰라린 이별과 좌절의 아픔을 말하기도 하는 것이 솔직한 이야기다. 그래서 이러한 이야기들을 담은 드라마의 시청률이 높고 공영방송들의 많은 시간을 차지한다.

하늘을 우러러 한 점 부끄러움 없기를 간절히 노래한 윤동주 시인의 별이 그렇게 아름답게 우리 가슴에 살아 있는 것은 그의 삶이 제대로 피어나지 못한 청춘에서 끝나서 애절함과 청순함을 안고 있기 때문일 것이고,

실제의 삶에서는 그렇게 살아가는 것은 거의 불가능한 이상세계를 그리고 있기 때문일 것이며, 그럼에도 불구하고 우리가 그러한 삶에 대한 간절한 동경을 안고 있기 때문일 것이다.

기존의 관념과 사고방식을 뛰어넘는 파격적이고 창조적인 상상력을 동원하지 않은 문학작품은 작품으로서의 생명이 길지 않다. 문학은 살아온 삶의 방식이나 원칙으로 정해진 사고방식만을 고수하여 삶을 고정되고 정체되도록 하는 사명을 지닌 것이 아니라, 좀 더 나은 삶을 제시하고 그곳으로 나아가도록 부추기는 사명을 지니고 있기 때문이다. 더 나은 세상을 제시하기 위해서는 기존의 가치관에 익숙한 사람들이 보기에 원칙 속에 변칙과 반칙이 많이 섞인 새로운 세계관을 창조해 내야 할 것이다. 이러한 일에 원칙과 변칙 그리고 반칙을 어느 정도 적절히 섞어 넣느냐에 따라 성공하기도 하고 실패하기도 할 것이다.

원칙, 변칙, 반칙과 인간의 뇌

인간의 삶이 원칙에 의해서 질서정연하게 전개되지 못하고 변칙과 반칙이 자주 등장하여 당혹스러워지는 것은 인간이 지닌 뇌의 구조에서도 그 원인을 찾을 수 있다. 뇌 과학자 폴 맥클린의 이론에 의하면, 인간의 뇌는 크게 파충류의 뇌에 해당하는 뇌간, 포유류의 뇌인 변연계, 인간만이 지닌 인간의 뇌인 대뇌피질로 구성되어 있다.

뇌간은 맥박, 호흡, 소화 등 생존에 가장 중요한 대사기능을 담당하고, 변연계는 감정, 욕구, 충동과 같은 파충류가 가진 것보다는 좀 더 고차원적이고 포유동물로서의 특징을 드러내는 것을 관장한다. 변연계는 생존에 가장 필요한 본능에 속하는 식욕과 성욕도 관장한다. 뇌간과 변연계에서 관장하는 기능들은 파충류나 포유류로 살아가게 하는 본능에 속하는 것으로 매우 강한 힘을 지니고 있다. 그래서 이 본능을 인위적으로 거부하는 것은 대단히 힘들다. 그렇지 않다면 자살하는 일이 쉽게 발생할 것이다.

대뇌피질은 외부의 세계를 깊이 인지하고 생각하며 인과율에 따라 앞뒤를 분간하고 판단하는 등 우리가 알고 있는 여러 가지 일들을 수행한다. 인간은 대뇌피질을 지니고 있기에 인간으로서의 능력과 품위를 갖는다. 각종 기술문명과 문화를 가꾸고, 음악, 미술, 문학 등 예술을 통해 이전에는 없던 어떤 새로운 창조적인 작업을 한다. 원칙과 변칙 그리고 반칙이 무엇인가를 알고, 원칙을 존중해야 한다고 강조하기도 한다.

그러나 대뇌피질은 뇌간, 변연계와 독립된 존재가 아니다. 대뇌피질이 활동할 때 언제나 뇌간과 변연계가 동참한다. 그래서 인간이 지닌 본능은 다른 일반 동물들의 본능과 동일하지 않다. 이미 대뇌피질의 작용을 받은 본능, 지성의 안내를 받은 본능인 것이다.

인간의 고유한 기능인 지적 작업을 하는 것도 지성만의 작업이 아니다. 대뇌피질이 활동하는 동안에도 뇌간이 언제나 작용하여 맥박, 호흡, 소화 등 대사가 이루어져 생명이 유지되고, 변연계가 함께 작용하여 감정이 개입한다. 그래서 순수 이성적으로는 옳은 줄 뻔히 알면서도 감성의 강한 작용을 이기지 못하여 그것을 행하지 못하는 경우가 원치 않게도 자주 발생한다. 우리는 "내가 싫다는데 무슨 말이 많아!"라든가, "내가 무조건 좋다는데 무슨 다른 이유가 필요해!"라는 말을 종종 듣는다. 나 역시 그러한 결단의 말을 할 때가 가끔 있다.

이러한 이유에서도 인간의 삶에는 논리를 벗어난 각종 일들이 매일 벌어진다. 원칙이 존중되지 못하고 변칙과 반칙이 비일비재로 파고든다. 그래서 부부간에, 부모자식 간에, 동료 간에, 노사 간에, 정치계에, 학계와 예술계에 의견차이와 부조화, 갈등이 언제나 존재하여 괴로움을 준다.

우리의 뇌를 온전히 이성적인 뇌로 진화시키는 데에는 아무리 열성을 다해도 수천, 수만 년이 걸릴지 모른다. 그렇다면 이 사실을 깊이 파악하여 인간이 지닌 한계상황을 잘 다스려나가는 길만이 원활한 해결 방법이 될 것이다.

원칙, 변칙, 반칙과 인간의 삶

인간의 삶과 핏속에 깊이 뿌리내린 원칙과 변칙 그리고 반칙의 논리가 정치 무대에 적용되지 않을 리 없다. 우리나라의 역사뿐만 아니라 세계사 어디에도 적용되지 않은 곳이 없다. 문화와 언어의 차이에도 불구하고 깊이 들어가 보면 인간의 의식과 삶의 구조가 대동소이하기 때문이다.

오늘날 인권의 중요성을 외치면서 자국뿐만 아니라 지구촌 모든 나라의 인권신장을 위해 노력하는 듯이 보이는 선진국들도 역사를 조금만 거슬러 올라가 보면 약소국을 침략하여 수많은 사람들의 인권을 짓밟기를 예사로 했던 것을 쉽게 알 수 있다. 대표적인 국가로 미국을 들어 보자. 미국은 개인의 자유와 인권, 민주주의, 개방주의, 시장경제의 사도로 자처하면서 이것을 지구촌 모든 나라에 전하려고 노력하고 있다. 그러나 그들의 역사를 조금만 거슬러 올라가면 그 땅에서 살던 2천만 인디언들을 무참히 짓밟은 사실을 만나게 된다. 그 결과 오늘날 순수 인디언은 겨우 몇 만 명 정도만 남아 있다. 남의 땅에 이주해 온 백인들은 힘이 약할 때에는 협상으로, 힘이 강할 때에는 배신과 무력으로 영역을 넓혀 가다가 마침내 원주민들을 죽음으로 몰아넣고 온 땅을 차지했다. 지금도 모든 일에서 자국의 이익을 철저히 앞세우고 있다. 자국의 이익에 부합하느냐 그렇지 않느냐가 선과 악을 구별하는 기준이 되어버렸다.

영국도 2차 대전 전까지는 자국의 이익을 위해 지구촌 곳곳에서 무력으로 확보한 식민지의 선량한 원주민들에게 많은 고통을 가했다. 이 점은 프랑스나 스페인도 다를 바 없다. 독일도 그렇게 할 수 있는 곳에서는 그

랬지만 그 영역이 좁은 것에 불만을 품고 1,2차 세계대전을 일으켜 약소국들이 독립을 쟁취하는 데 일조했다. 중국도 과거에 그랬다가 힘에 부쳐 외세에 오랫동안 시달렸고, 이제는 잠에서 깨어나고 있는 중이다. 일본 역시 같은 논리로 우리나라와 중국, 동남아시아에 큰 고통을 주었다가 원자폭탄이라는 엄청난 고통을 겪고 손을 들었다가 다시 욕망을 추스르는 중인 것 같다.

개인과 국가의 자주와 품위는 그것을 지킬 수 있는 무력, 금력, 지력, 도덕적 힘이 확보될 때 가능하고, 이를 확보하는 일은 만만찮은 것이다. 원칙을 지키면서 성실하게 쌓아올리는 것으로 가능해야 하는데 그렇지 못할 때가 더 많은지 우리나라뿐만 아니라 국제사회 전체에서 여전히 변칙과 반칙이 난무하여 많은 사람들에게 고통과 실망을 안겨 주고 있다.

원칙만으로 번영의 삶이 가능하기까지는 아직도 인류가 걸어가야 할 길이 아득한 것 같다.

의식주를 해결하는 기초적인 경제생활에서부터 첨단산업, 각종 회사, 학교, 국가 등 조직을 경영하는 일에 이르기까지 인간의 기본 의식구조가 깊이 작용한다. 원칙과 변칙 그리고 반칙이 채집과 수렵생활을 하는 데에 깊이 적용되고 밭을 경작하고 짐승을 키우며 물고기를 잡는 일에 깊이 개입하는 것을 앞에서 살펴보았다. 이것은 또한 공장을 지어 물건을 생산하고 판매하며 다시 재투자하는 전 과정에도 복합적으로 작용한다.

원칙, 변칙, 반칙과 경제활동

오디오나 비디오 또는 텔레비전 같은 전자제품을 생산하는 과정에는 원칙이 정확하게 적용되어야 시장에 내놓을 수 있는 상품이 된다. 그러나 흥정이 오가는 시장에서는 생산원가를 그대로 밝혀서는 회사를 키우는 데 어려움이 생길 수 있어 변칙이 쉽게 개입된다. 생산원가를 높게 잡고 상품의 효능을 실제보다 부풀려 선전하여 좀 더 높은 이익을 남기며 대량으로 판매하기를 원한다. 회사의 가치를 높이기 위해 실제 사정보다 더 우량회사로 선전하고 주가를 조작하는 반칙을 감행하는 경우도 있다.

건설업계의 중진인 지인 한 사람은 계약을 하거나 대금을 독촉할 때에 서로 거짓말을 하고 있는 줄 뻔히 알면서도 상대의 수를 읽고 여러 단계의 수를 동원하여 계약을 성사시키기도 하고 미루기도 하며, 빚 독촉을 하기도 하고 빚 갚기를 미루기도 한다는 이야기를 사석에서 웃음과 함께 진지하게 토로했다. 은행 지점장을 하고 있는 친구 한 사람은 사업을 벌인 사람 중 80%는 망하고 20%는 성공하는데, 성공하는 사람은 보통 사람이 아니라고 했다. 그래서 그에게 "세상 돌아가는 것을 잘 알고 있고 사업을 어떻게 시작하는 것인지에 대해서는 전문가나 다름없으니 은퇴하면 사업을 하면 되겠다"고 했더니, 은퇴하여 사업을 하면 자신은 망하는 측에 속할 것이 뻔하기 때문에 적은 돈이라도 받을 수 있는 직장을 구하겠다고 응수했다. 마음이 순수하고 여린 그에게는 필요할 경우에 변칙과 반칙 그리고 억지를 구사해야 하는 것이 정신적으로 큰 부담이 되는 것인가 보다.

어느 사립대학교 총장을 지낸 은사 한 분은 재단이사장이 한 번 더 해 달라는 것을 기어코 뿌리치고 재임하지 않았다. 그러다가 오래지 않아 그분의 인품을 잘 아는 어느 국립대학교 교수들이 선거를 통해 그분을 총장으로 모시고 가는 일이 발생했다. 이전 직장이던 그 사립대학교 재단이사장이 찾아와서 "다시는 총장을 하지 않겠다더니…"라고 불만스러운 기색으로 말하자, 그분은 "사립대학교 총장을 하지 않겠다고 말했을 뿐입니다"는 말로 대답했다고 한다.

어떤 형태이든 생산을 하는 작업은 언제나 힘들고 인간의 욕심은 한이 없는 것이기에, 생산한 것을 나누는 과정에 갈등이 없을 수 없고 쉽게 변칙이 개입되며 때로는 반칙까지 등장하여 신뢰를 무너뜨리고 고통을 증가시킨다. 그래서 인류는 모든 것을 모두 함께 소유하고 함께 일하여 똑같이 나누며 살자는 좋은 의도로 공산주의 사회를 건설해 보기도 했지만 그리 오래 가지 못하고 해체되고 말았다. 생산의 고통을 감내하려는 사람들이 줄어들어 점차 생산량이 떨어지고 분배에 문제가 생겨 모두가 궁핍에 허덕이게 되었기 때문이다.

생산과 분배에도 투명한 원칙이 통하기에는 인류가 아직 가야 할 길이 멀고 수련의 덕을 많이 쌓아야 하는가 보다.

원칙, 변칙, 반칙과 신앙생활

우리는 세례를 받을 때 모두 깨끗하게 다시 태어났다. 하느님의 은총과 교회의 중개로 묵은 죄를 모두 용서받고 새로운 삶을 시작했다. 하느님께서는 무한한 은총으로 우리를 구원과 기쁨의 삶으로 인도하셨다. 신앙생활을 한다는 것은 하느님께서 주신 구원의 삶을 기쁨으로 살아가는 것 이상도 아니고 이하도 아니다. 그저 감사하면서 자신에게 주어진 소명을 수행하며 살아가면 된다.

그런데 회개해야 한다는 것이 늘 우리를 따라다닌다. 거룩한 미사를 봉헌할 때에도 언제나 참회의 예절부터 시작한다. 그리고 이것이 나에게는 필요 없는 전례라고 주장하지도 못한다. 회개하고 또 회개해서 나는 더 이상 회개할 것이 없으니 이제 그런 말은 그만 하자고 외치지 못한다. 나이가 들어 갈수록 더욱더 그렇다. 세례를 받고 다시 태어난 사람이라 할지라도 인생에 언제나 섞여드는 원칙과 변칙 그리고 반칙의 굴레에서 벗어나기가 하늘의 별을 따기만큼 어려운 일이기 때문이다. 어쩌면 우리의 삶이 그러하기 때문에 교회와 정기적인 신앙생활이 필요한지도 모르겠다. 그마저 없다면 우리의 삶이 얼마나 더 진창으로 빠져들는지 알 수 없는 일이다.

　수도자나 성직자들이 바치는 기도서가 원칙과 지혜를 강조한 잠언이나 지혜서 또는 집회서로 구성되지 않고 시편으로 이루어진 것은 시편이 원칙과 변칙과 반칙이 뒤섞인 인생의 진면목을 좀 더 잘 반영하고 있기 때문일 것이다. 150개의 시로 구성된 성서의 시편에는 슬픔과 기쁨, 고통과 환희, 호소와 찬미, 비탄과 감격 등 인생살이에서 겪을 수 있는 거의 모든 측면이 들어 있어서 그것을 읽으며 기도하다 보면 어느새 공감의 세계로 빠져들어 위안과 구원을 느끼고 믿음과 희망으로 하느님의 사랑을 찬미하게 된다.

　구약성서가 교훈적인 내용만이 아니라, 나약한 인간의 다양한 삶의 모습을 담고 있기 때문에 종교를 초월하여 모든 사람들의 심금을 울리는 것이리라. 하느님께 대한 순종과 불순종, 인간에 대한 사랑과 속임수, 전쟁과 평화 등 인간의 삶에서 일어날 수 있는 거의 모든 영역을 적나라하게 담고 있다.

　신약성서에서 전하는 예수님의 삶에 도전과 파국이 있고, 드라마틱한 사랑과 고통으로 점철된 인생살이의 자취들이 풍부하게 들어 있기 때문에 강력한 매력이 있다. 그분은 파격적인 말과 행동의 변칙과 반칙 안에 언제나 사람들과 하느님 그리고 삶에 대한 사랑의 원칙을 고수하셨다.

둘
자연 환경

환경보호의 어려움

점점 악화되고 있는 환경문제에 시달리면서 환경을 보호해야 한다는 목소리가 높아만 가고 있다. 때로는 환경보호를 위한 말들이 또 하나의 공해로 여겨질 정도로 다양한 목소리들이 우리의 오관을 통해서 정신을 자극하고 있다.

우리 삶의 장場이라고 할 이 환경을 보호하고 쾌적하게 가꾸고 싶지 않은 사람은 아마 없을 것이다. 그럼에도 불구하고 우리의 환경은 점점 더 오염되어 가고 우리의 삶을 불안하고 불편하게 하고 있다. 환경문제와 관련해서 미래를 전망해 보면, 희망적인 미래를 설계하는 것이 쉽지 않은 상황이다. 현재 환경보호를 위해 정부를 비롯한 각종 종교단체와 민간단체, 교육기관과 언론기관 그리고 개개의 시민들이 많은 노력을 하고 있고 앞으로도 그러하겠지만, 환경이 점점 더 악화될 것은 쉽게 짐작할 수 있는 일이다. 그 이유는 무엇일까?

환경문제의 근본적인 원인은 도시화, 산업화, 인구과잉, 소비사회라 하겠다. 사람들이 밀집해서 살아가는 도시에서는 옛날부터 환경문제가 있었다. 식수문제, 분뇨처리문제, 쓰레기문제, 오폐수문제, 주택문제 등 많은 문제들이 있었다. 이러한 문제들에 적절히 대응할 방법을 찾아내지 못한 채 시기를 놓치면 그 도시는 더 이상 사람이 거주할 수 없는 곳으로 변하고 만다. 그래서 고대에 큰 도시가 있던 지역들 중에서 오늘날 폐허로 남아있는 곳이 더러 있다.

오늘날 우리는 산업사회를 이루어 인구의 85% 정도가 도시에 모여서 살고 있다. km²당 약 470명이라는 비좁은 공간에서 많은 사람들이 소비사회의 습관에 물들어 매일 많은 양의 물건들을 소비하면서 엄청난 양의 분뇨, 오폐수, 쓰레기들을 내놓고 있다. 서울에서 살고 있는 사람들이 하루에 내놓는 생활쓰레기만도 약 1만 톤이나 된다. 이것을 수거하는 데에 10톤 트럭 1,000대가 필요하다. 필자가 거주하고 있는 경산시를 비롯한 자치단체들은 쓰레기 처리문제로 골머리를 앓고 있다.

우리는 이제 단순히 환경을 보호하자는 캠페인을 벌이고, 쓰레기를 분리수거하는 정도로는 극복하기 어려운 환경문제에 봉착해 있다. 점점 더 악화되고 있는 환경문제를 개선해 나가지 않고서는 이 땅 위에서 우리의 삶을 쾌적하게 유지해 나가는 것은 불가능한 일이 되었고, 이 문제를 극복하기 위해 우리의 의식과 생활방식을 근본적으로 재고찰해야 하는 상황이 되었다. 재고찰을 통해 지속가능한 미래를 보장할 수 있는 방법을 모색해낸다 하더라도 지속적으로 실천해 나가는 강인한 정신력과 인내심 그리고 환경을 덜 이용하고 양보하는 미덕을 발휘할 수 있는 강한 공중도덕심으로 무장해야 한다. 이러한 일들이 어디 그렇게 쉬운 일이겠는가?

그러나 환경을 지키기 위해 우리는 어떤 형태로든 노력을 계속해 나가야 한다. 이에 필자는 독자 여러분과 함께 합리적인 길을 찾아 환경문제 개선에 도움이 되기를 기대해 본다.

환경보호의 주체

환경문제가 심각하게 대두되어 우리 모두가 그 어려움을 인식하게 된 것은 지난 세기 후반부터였다. 그보다 앞서 환경을 보호해야 한다는 목소리를 내는 단체나 사람들이 간간이 있었지만, 소수의 목소리로 무시당하기 일쑤였다.

그러나 시간이 흐르면서 이들의 예견은 옳은 것으로 판명되었고, 환경을 보호해야 한다는 목소리가 점점 커지면서 오늘날에는 그 소리조차 하나의 오염원이 되는 듯한 인상을 받는 때가 있다. 오늘날 정부나 국가기관을 비롯한 수많은 민간단체와 개인들이 환경을 보호하자는 목소리를 높이고 있다.

그런데 환경보호를 외치는 목소리가 때로 부담스럽고 불편하게 들리는 이유는 무엇일까. 그에는 여러 가지 원인이 있을 것이다. 그 중에서도 큰 비중을 차지하고 있는 것은 바로 목소리를 내는 사람은 일종의 고발자이고 듣는 사람은 마치 죄를 지은 피고가 된 듯한 느낌이 들게 하는 것이다.

우리나라 모 일간지는 지난 90년대에 환경보호 캠페인을 지속적으로 벌였다. 관심을 가지고 그 기사를 계속 읽어 보니, 환경보호에 나선 단체들의 명단도 대대적으로 실려 있었다. 필자가 살고 있는 지역사회의 여러 단체도 명단에 올라 있었다. 평소에 환경보호를 위해 한 일이 별로 없었던 것으로 생각되던 단체의 이름도 눈에 띄었다. 나중에는 샛강을 살려야 한다는 기사도 여러 편 실려 있는 것을 보게 되었다. 이 일간지는 환경보호를 위해 제법 많은 일을 하는 듯이 보였다. 그 결과 미국의 언론단체로부터 환경보호운동을 잘했다고 하여 상을 받았다는 기사도 접했다.

그러나 환경보호를 위해 그렇게도 애를 쓰던(?) 그 일간지는 그러는 동안에도 어떤 형태로든 환경에 지속적으로 부담을 줄 수밖에 없는 지면을 늘려만 갔고, 그 지면의 절반에 가까운 부분을 환경에 큰 부담을 주는 소비를 부추기는 광고에 할애했다. 필자를 비롯해서 그 광고를 접하는 사람들은 강한 정신력으로 과소비와 충동구매를 억제하지 않으면 곤란한 상황에 처할 수도 있을 것 같았다.

이렇게 눈 가리고 아웅 하는 식으로는 우리가 사는 환경을 실질적으로 보호할 수 없다. 자신은 환경을 활용하여 취할 수 있는 이익을 다 취하는 한편으로 절제와 양보를 들먹이면서 훈계하는 식으로 타인에게 환경을 보호하라고 권하는 말은 우리의 환경을 또 한 번 어지럽히는 행위에 지나지 않는다.

환경을 보호해야 할 사람은 바로 나 자신이다. 살아 있는 생명체는 누구나 이 환경의 혜택을 받아 생명을 유지해 나가고, 또한 이 환경에 자신의 생명현상에서 배출되는 쓰레기를 배설하면서 부담을 준다. 바로 내가 이 환경 속에서 호흡하고, 물과 음식물을 취하고, 일하고 놀이하면서 살아가는 환경의 수혜자인 동시에 환경에 부담을 주는 오염원인 것이다.

그러므로 환경을 보호하는 일은 바로 나로부터 출발해야 할 일이다. 바로 나 자신이 환경의 수혜자이고 환경보호의 주체이며, 우리 모두가 환경의 수혜자이고 보호의 주체이다. 환경을 보호해야 한다고 남에게 말하거나 가르치기 전에 나부터 실천해야 할 것이다. 그렇게 하지 않으면 시간의 흐름 속에서 우리 모두가 죽음으로 내몰리는 파국상황이 진행될 것이다.

환경이란 단어

필자가 환경이란 단어를 처음 접한 것은 초등학교 다닐 적에 담임선생님께서 조사하시던 가정환경이란 것이었다. 그때 선생님께서는 자신이 맡은 아동들이 어떤 환경에서 자라고 있는지 궁금하셨을 것이고, 그것을 아는 것은 아동을 가르치고 지도해 나가는 데에 중요한 일이었을 것이다. 가정환경은 아이들이 태어나서 성장하는 터전이기에 매우 중요한 요소다.

오늘날 우리는 환경이란 단어를 자주, 그것도 매우 다양한 형태로 듣고 있다. 오늘날 환경이란 단어는 생명, 복지, 통신, 첨단 공학 등과 더불어 하나의 유행어가 되고 있다. 그래서 환경이란 단어가 들어간 합성어들도 무수히 듣게 되고 직접 사용하기도 한다.

우선 우리가 가장 많이 듣는 환경이란 단어가 들어간 합성어로 '환경보호'를 들 수 있다. 이밖에 자연환경과 인간환경, 그리고 사회환경, 인공환경, 생활환경, 지구환경, 기업환경, 국제환경, 의료환경 등 무수히 있다.

우리의 환경을 크게 둘로 나눈다면 자연환경과 인간환경으로 나눌 수 있고, 이 안에 우리의 환경 모두가 속한다.

환경과 관련된 문제들을 좀 더 깊이 연구하고 전문가들을 배출하기 위해 대학에서 많은 수의 전문학과들을 설립하여 학생들을 가르치고 있다. 또한 환경보호를 위한 많은 비영리 민간단체가 있고, 정부조직도 비교적 좋은 체계를 갖추고 있다. 국가는 막대한 예산을 투입하여 우리의 환경을 지켜나가려고 노력하고 있으며, 우리 모두는 적지 않은 세금을 기꺼이 내어 이러한 일들이 가능하도록 직접 또는 간접으로 지원하고 있다.

이러한 것들을 살펴보면, 우리의 환경을 지켜나가기 위한 노력이 사실은 상당히 진행되어 왔다는 것을 알 수 있다. 문제는 이러한 노력에도 불구하고 우리의 환경이 자꾸만 나빠져 간다는 것이다. 그러나 우리는 살고자 하는 강한 본능을 지니고 있기 때문에, 우리의 환경이 참으로 심각하게 나빠져서 더 이상 우리가 이 땅에 생존하는 것이 불가능해지기 전에 삶의 길을 찾아내리라고 생각한다. 그를 위해 많은 사람들이 노력해 왔고, 지금도 노력하고 있으며, 필자가 써내려가는 내용도 그런 것들 가운데 하나다.

　필자는 이 책에서 앞으로 이 문제들에 대해 좀 더 깊은 고찰을 하고자 한다. 독자 여러분에게 한 가지씩 말씀드리면서 환경문제를 풀어나가는 데에 우리 모두 더욱 효율적으로 접근할 수 있는 안목을 갖도록 노력해 보려고 한다.

　우리나라의 환경지속지수

　최근 세계경제포럼WEF이 122개국을 대상으로 환경 파괴를 하지 않고 경제성장을 할 수 있는 능력을 평가하는 '환경지속지수ESI'를 발표한 것을 보면 현재 우리나라의 환경상황이 어떤 처지에 있는가를 냉정히 진단할 수 있다.

　우리나라의 환경지속지수는 122개국 중에서 95위로서 탄자니아(94위), 요르단(96위) 사이에 위치해 있다. 이것은 아시아 국가인 일본(22위), 말레이시아(52위), 싱가포르(65위), 태국(74위) 등에 크게 뒤처지는 것이고, 1인당 국민소득이 우리와 비슷한 포르투갈(20위), 체코(29위), 그리스(41위)와 큰 차이가 나는 것이다. 또한 OECD 소속 30개국 중 50위에 들지 못한 나라는 폴란드(58위), 멕시코(73위), 벨기에(79위), 한국뿐이다. 90위 이하의 국가는 한국을 제외하고 모두 저개발국가이다.

　핀란드가 1위를 차지했고, 노르웨이, 캐나다, 스웨덴, 스위스 등이 상위 5위권을 차지했으며, 미국 11위, 프랑스 13위, 독일 15위, 영국 16위, 러시아 33위 등이고, 중국은 우리나라보다 낮은 108위이다. 최하위국은 아이티공화국이고, 에티오피아, 부룬디, 사우디 아라비아 등도 최하위권에 속했다.

　우리나라는 대기·수질 등 환경오염도에서 35점이라는 낮은 점수를 받았고, 개발을 하되 환경재앙과 자원고갈을 피하려는 노력을 얼마나 기울이느냐는 측면을 평가하는 '환경오염경감 여부'에서 14점을 받아 우리나라의 순위를 결정적으로 떨어뜨렸다. 우리나라가 비교적 좋은 점수를 받은 부분은 법·제도정비 지표로서 78점을 받았다.

이 자료는 우리나라의 환경문제가 앞으로 어떻게 진행될 것인가를 예측하는 데에 매우 중요한 것이다. 현재의 환경지수가 122개국 중에서 95위로서 낯부끄러울 정도로 형편없는데, '환경오염경감 여부'에서 14점을 받았으니, 이는 우리나라의 환경이 앞으로 점점 더 나빠질 것이라는 의미다. 게다가 법·제도정비 지표에서는 비교적 괜찮은 점수를 받았다니, 우리의 법과 제도는 선진국 못지않게 비교적 잘 정비되어 있는 상황에서도 환경이 이렇게 나빠지고 있는 것이므로, 앞으로 법과 제도의 개선으로는 환경을 더 좋게 할 수 있는 여지가 별로 없음을 의미한다. 이것은 "선진국 법령만 자꾸 흉내내면 뭘 하나?" 하는 환경관련 단체들의 탄식이 옳았음을 의미하는 것이며, 앞으로 우리의 환경을 어디부터 개선해 나가야 할지도 알 수 없다는 의미를 지닌, 참으로 염려스러운 일이다.

세계 3위의 인구밀도를 지닌 우리나라는 외국으로부터 막대한 양의 원자원을 사다가 우리의 환경을 이용하여 제품을 만들어 수출해서 먹고사는 경제구조를 지니고 있다. 이런 구조에서 계속 사용할 양질의 환경을 잃어간다면, 우리의 경제구조를 개선해 나갈 여지도 그만큼 줄어드는 것을 의미한다.

우리나라의 생태계가 외국과의 교류 없이 현재 수준의 삶을 지속적으로 유지할 수 있는 것은 인구가 약 215만 명 정도일 때 가능한 일이다. 외국과 교류를 할 경우에는 약 2,000만 정도의 인구가 이 땅 위에서 살 때 현 수준을 지속적으로 유지할 수 있다.

우리가 삶의 방식과 의식을 근본적으로 새롭게 하지 않는다면, 우리는 앞으로 점점 더 많은 것을 잃어갈 것이다. 그러나 새로운 삶의 방법과 의식구조를 개발해낸다면, 더 높은 환경지속지수와 함께 미래를 향한 희망의 등불을 밝힐 수 있을 것이다. 어느 길로 들어설 것인가, 그 선택은 우리의 손에 놓여 있다.

국가의 환경법령

상당수의 사람들이 오늘날 환경문제가 심각해진 원인 가운데 하나로 정부의 대처방안이 미흡했던 점을 지적한다. 여기저기서 정부의 정책부재와 실책을 비난하는 소리가 들려온다. 우리는 이들 비난이 터무니없다고 여기지 않는다. 그러나 정부가 그동안 제정하고 시행해온 환경법령들을 통해서 알 수 있듯이 이 문제에 대해 수수방관만 하고 있었던 것은 아니다.

정부는 산업화의 진행에 따라 환경문제가 심각해지자 각종 법령을 만들고 시행하여 우리나라의 환경을 지켜 나가고자 나름대로 노력하고 있다. 정부는 1963년에 우리나라 최초의 환경법인 공해방지법을 전문 21개 조로 제정하여 공장이나 사업장 또는 기계·기구의 조업으로 인해 야기되는 대기오염, 하천오염, 소음·진동으로 인한 보건위생상의 피해를 방지하여 국민보건의 향상에 기여하고자 했다. 그러나 이 법은 경제개발을 최우선으로 추진하던 당시의 사회분위기와 후속입법의 미비로 실효를 거두지 못했다. 이후 점차 환경문제가 심각해지자, 1971년 1월 공해방지법을 대폭 수정·강화하여 배출허용기준, 배출시설 설치허가제도, 이전명령제도 등을 도입했다.

급속한 산업화·도시화가 이루어지던 1970년대에 환경문제가 더욱 심각해지자, 광역적인 환경문제에 효과적으로 대처하기 위해 1977년 12월 31일에 환경보전법을 제정·공포했다. 이 법에서는 환경오염의 사전 예방뿐만 아니라 오염된 환경을 개선함으로써 더욱 적극적이고 종합적으로 환경문제에 대응하기 위해 환경영향평가제도, 환경기준, 오염물질의 총량규제제도 등을 도입했다.

1980년에 개정된 헌법에 환경권에 관한 규정이 신설된 이후, 오염분야별 대책법 제정의 필요성을 인식하여 환경법을 복수법 체계로 만들기 위해 노력했다. 그 결과 1990년 8월 1일 환경정책기본법, 대기환경보전법, 수질환경보전법, 소음·진동규제법, 유해화학물질관리법, 환경분쟁조정법 등 6개 환경보전법이 제정되었다. 최근에는 도서지역의 생태계 보전에 관한 특별법, 한강수계 상수원 수질개선 및 주민지원 등에 관한 법률, 습지 보전법 등이 제정되었다. 그렇게 하여 현재 환경부가 직접 관장하는 환경법은 30개에 이르고 있다.

국가의 환경법령의 종류라도 알고 있는 것이 좋겠다는 생각에 환경법의 명칭을 여기 소개한다. 읽기에 좀 지루할지 모르지만 환경에 관한 건강한 상식을 갖추고 환경을 지켜나가려고 노력하는 문화인이 되기 위해 이만한 노력을 투자할 필요는 있다고 생각한다.

환경정책기본법, 대기환경보전법, 수질환경보전법, 호소수질관리법, 한강수계 상수원 수질개선 및 주민지원 등에 관한 법률, 지하생활공간 공기 질 관리법, 소음·진동규제법, 환경분쟁조정법, 환경범죄의 처벌에 관한 특별조치법, 자연환경보전법, 자연공원법, 독도 등 도서지역의 생태계 보전에 관한 특별법, 습지보전법, 조수보호 및 수렵에 관한 법률, 환경개선비용부담법, 환경영향평가법, 토양환경보전법, 환경관리공단법, 환경개선특별회계법, 환경기술 개발 및 지원에 관한 법률, 유해 화학물질 관리법, 폐기물 관리법, 오수·분뇨 및 축산폐수의 처리에 관한 법률, 자원의 절약과 재활용 촉진에 관한 법률, 폐기물의 국가간 이동 및 그 처리에 관한 법률, 폐기물 처리시설 설치 촉진 및 주변지역 지원 등에 관한 법률, 한국자원재생공사법, 하수도법, 수도법, 먹는 물 관리법 등이다.

이들 법령은 선진국의 법령에 비해 크게 뒤지지 않는다. 그러나 이를 제대로 지키지 못하고 있기 때문에, 우리나라의 환경지속지수가 후진국 수준에 머물고 있는 것이다.

환경부의 구조와 역할

우리가 내는 세금으로 운영되는 국가에서 환경보호를 위해 어떤 일을 하고 있는가에 관심을 갖는 것은 주권을 가진 국민의 일원으로서 당연히 해야 할 일이다. 국가에서 하는 일을 알고 있어야만 우리는 국가에서 계획하고 수행하는 일에 물심양면으로 효율적인 지원을 할 수 있을 것이다.

환경부는 우리나라 환경행정의 주무부서로서 1967년 보건사회부 공해계에서 시작하여 1973년 환경행정전담과인 공해과로 확대된 것에 그 뿌리를 두고 있다. 그 후 중앙정부의 환경행정조직은 수차례의 확대개편을 통해 1980년 1월에는 당시 보건사회부의 외청인 환경청으로 성장했고, 1990년 1월에는 환경처로 승격되었다. 정부는 이 해를 환경보존의 원년으로 정하는 정책적 배려를 했다. 1994년 12월에 환경처에서 승격한 환경부는 정부 각 부처 중에서도 중요한 위치를 차지하고 있다. 그 조직은 다음과 같다.

본부는 1실 6국 3관 25과 8담당관으로 구성되어 있는데, 환경부장관을 수장으로 하여 차관·공보관·감사관·국제협력관이 있으며 국제협력관 아래 해외협력담당관과 지구환경담당관이 있다. 그 아래에 총무과·기획관리실·환경정책국·자연보전국·대기보전국·수질보전국·상하수도국·폐기물자원국이 있다. 기획관리실에는 기획예산담당관·행정관리담당관·법무담당관·정보화담당관·비상계획담당관이 있으며 환경정책국에는 정책총괄과·환경경제과·민간환경협력과·환경평가과·환경기술과가 있다. 자연보전국에는 자연정책과·자연생태과·자연공원과 · 토양보전과가 있고, 대기보전국에는 대기정책과 · 대기관리과 · 교통공해과 · 생활공해과가 있다. 수질보전국에는 수질정책과 · 산업폐수과 · 생활오수과가 있고, 상하수도국에는 수도정책과 · 수도관리과 · 하수도과가 있다. 폐기물자원국에는 폐기물정책과 · 생활폐기물과 · 산업폐기물과 · 자원재활용과 · 화학물질과가 있다.

환경부는 또한 다수의 소속기관을 가지고 있는데 중앙환경분쟁조정위원회 사무국 · 국립환경연구원 · 한강유역환경관리청 · 낙동강환경관리청 · 금강환경관리청 · 영산강환경관리청이 그것이다. 한강유역환경관리청에는 경인지방환경관리청 · 원주지방환경관리청 · 안산환경출장소 · 춘천환경출장소가 있다. 낙동강환경관리청에는 대구지방환경관리청 · 구미환경출장소 · 포항환경출장소 · 울산환경출장소가 있다. 금강환경관리청에는 청주환경출장소가 있다. 영산강환경관리청에는 전주지방환경관리청 · 여수환경출장소 · 제주환경출장소가 있다.

이러한 조직으로 구성되어 있는 환경부는 1999년에 정부예산의 1%에 해당하는 1조 1,536억 원의 예산을 배정받아 환경을 지키기 위해 많은 활동을 했다. 2000년도에 환경부가 환경문제 개선을 위해 사용한 돈은 정부예산의 1.04%에 해당하는 1조 3,023억 원이었고, 건교부, 행자부, 농림부, 해양수산부, 재경부 등에서 환경개선에 사용한 돈을 전부 합치면 2.32%에 해당하는 3조 581억 원이었다. 100조 원이 넘는 막대한 세금을 내기 위해 열심히 일한 국민들의 노력도 대단한 일이었고, 환경부장관을 비롯하여 환경부에 소속된 공무원들의 노력도 결코 경시할 수 없는 막중한 일이었다.

우리는 국가의 공식기관이 자기 자리에서 정당한 권리와 의무가 배정되어 있는 자신의 역할을 계속해서 제대로 수행해 주기를 바란다. 환경보호를 위한 이들의 활동은 시민단체나 개인들의 노력과 함께 우리의 환경을 지켜나가는 데에 필수불가결한 요소다. 우리는 환경부의 활동이 환경에 주는 부담보다는 환경을 지키는 데에 기여하는 바가 훨씬 크기를 바란다.

문제는 환경부의 부단한 노력과 활동에도 불구하고 우리의 환경이 자꾸만 오염되어 가는 데에 있다.

봄나물을 캐다 보니…

바야흐로 봄이 본격적으로 전개되고 있는 요즘, 농장에 나가보면 냉이와 쑥, 두릅과 가죽, 참나물 등이 파릇파릇 자라고 있는 것을 보게 된다. 만사를 접고 양지에 쪼그리고 앉아 한참 나물을 캐다 보면, 어느새 몇 끼니 식사에 반찬과 국거리로 먹기에 족한 냉이와 쑥이 모인다. 일어나 두릅에게 다가가 가시에 손을 찔려가며 새순을 따서 모아도 본다. 그 싱싱한 모습에 믿음이 간다.

이제 이들은 나에게 단순한 식품이 아니다. 남들이 작업을 해서 시장에 내놓은 것을 돈 주고 산 것과 내가 직접 들에서 채취한 것은 느낌이 많이 다르다. 산이나 들에서 내가 직접 수집한 것은 그것들이 어디서 유래하고 어떤 과정을 거쳐 나에게 오게 되었는지 그 전 과정을 다 안다. 이들은 나에게 단순한 식품이 아니라 하나의 생명이다. 그냥 두면 더 자라서 꽃을 피우고 씨앗을 퍼뜨려 온 땅에 퍼져나가는 능력을 지닌 생명체다. 그런데 내가 나의 생명을 유지하는 일을 위해 그들을 강제로 채취하여 밥상에 올리려 하고 있다.

이들을 먹는 나는 나를 위해 희생된 그들의 생명이 보람된 것이 되도록 살아갈 의무와 책임이 있다. 매일 먹는 음식의 종류와 양을 생각해 보면, 나는 이 땅 위에서 참으로 많은 생명을 먹으면서 내 생명을 유지하고 있다. 이 지구 생태계로부터 큰 은혜를 받고 있고, 그만큼 큰 책임과 의무를 안고 있는 것이다.

지구촌의 이 생명체들은 모두 다 살고 싶어하고, 각자 나름대로 더 살아갈 이유가 있다. 인간과 상관없이 자신의 삶을 잘 살다가는 존재들이다. 나는 내 목숨을 부지하기 위해서 더 살기를 원하는 수많은 종류의 생명을 매일 먹고 있다. 어떻게 하면 그들의 죽음이 더 이상 죽음이 아니고 고귀한 의식을 지닌 인간의 일부로 부활하여 이 세상에 존재한 보람을 갖게 할 수 있을까?

오늘 나의 의식세계는 어디에 있는가. 어떤 생각을 갖고, 무엇을 희망하며 오늘을 살아가고 있는가. 내 안에 가득 찬 것은 어떤 것들인가. 나는 참으로 나와 함께하고 나를 사랑하고 있는가. 수많은 생명의 희생으로 유지되고 있는 나의 존귀함을 제대로 인식하고 자긍심을 갖고 있는가. 내 이웃 또한 나와 마찬가지로 소중한 존재임을 인식하고 그들을 존중하고 있는가.

나는 매일 맑은 공기와 물과 수많은 생명체의 희생으로 만들어진 음식 등 많은 것을 받고 또 받으며 오늘 하루를 살아가고 있다는 사실에 대해 생각하고 있는가. 아직도 더 가질 것들이 산재하여 나의 관심과 정열을 갖지 못한 것들을 추구하는 데에만 온통 쏟고 있어 살아 있는 기쁨을 인식할 여유를 갖지 못한 채 서두르며 바쁜 마음으로 세월을 보내고 있지나 않은가.

맑은 공기를 시원하게 들이마시고, 맑은 물을 맛있게 마시며, 온갖 정성으로 준비한 음식을 빠짐없이 세끼 꼬박꼬박 챙기고, 편안한 잠자리에서 안식을 누리는 즐거움을 매일 누리고 있건만, 이러한 것에서 오는 기쁨은 안중에도 없고, 강한 자극적인 요소를 지닌 다른 것들을 더 갖지 못한 것에 아쉬움을 가득 품고 마음의 빈곤과 허욕에 시달리고 있지나 않은가. 그렇게 하여 수많은 섭리로 나를 돌보고 계신 하느님을 허탈하게 하고 있지나 않은가.

따스한 봄 햇살 아래서 생각은 꼬리에 꼬리를 물고 일어난다. 이런 생각들이 먼 산에 아지랑이 피어오르듯 마음 저 깊은 곳에서 솟아오르는 것을 보면, 이번 봄에는 의식이 좀 더 깨어나 한 단계 성숙할 것 같기도 하다.

환경과 교육이민

요즘 들어 교육이민이 부쩍 관심의 대상이 되었다. 교육개혁은 아직도 시행착오를 겪으며 진행 중이고, 사교육비 급증으로 학부모들의 부담이 견디기 힘들 정도로 커지자 더 나은 교육환경을 찾아 교육이민을 떠나는 사람들이 늘고 있다.

이 소용돌이 가운데 교육의 주체인 교사와 학생, 학부모 그리고 교육개혁의 주체인 교육부 모두 몸살을 앓고 있다. 그래서 합리적인 해결방안을 찾기 위해 많은 사람들이 고심하고 있다. 일어나고 있는 현상을 정확하게 분석하고 우리가 지닌 능력을 간파하여 합리적인 생각을 지속해 나가면 적당한 해결책이 떠오르고, 그것을 시행해 나가면 자라나는 세대와 학부모, 교사들의 고통을 줄이고 개선된 교실 환경에서 양질의 교육을 주고받을 수 있을 것이다.

그런데 필자는 이 현상의 저변에 깔려 있는 그 어떤 것을 보게 된다. 16세기부터 서구 사람들이 새로운 살길을 찾아 위험하고 불편하기 짝이 없는 범선을 타고 신대륙을 비롯한 오대양육대주로 나섰던 그 원동력은 무엇이었고, 그 현상은 어떠했을까. 이에는 당시 일어난 종교개혁의 영향도 있었지만, 새로운 대륙에 대한 탐사가 이미 그 이전부터 진행되어온 것을 생각하면 다른 원인들도 많이 있었을 것이다. 잘 알지 못하는 낯선 땅으로 살길을 찾아 나서는 일은 그때나 지금이나 큰 용기와 많은 준비가 필요한, 쉽지 않은 일이다. 경우에 따라서는 목숨이 왔다갔다할 수 있는 일이다.

그 당시 서구사회는 가내공업과 상업의 발달로 도시가 비대해지고 인구가 제법 빠른 속도로 늘어나고 있었다. 당시 한 가정에서 태어나는 평균 여덟 명의 아이들 중에는 농사지을 토지를 물려받을 처지가 못 되어 일자리도, 새로운 가정을 꾸릴 방 한 칸도 갖기 힘든 형편에서 성인이 되는 사람들이 많았을 것이고, 그들의 고통은 이만저만이 아니었을 것이다. 자신이 태어난 고향집에 있어도 살기 힘들고, 집을 떠나 봐도 살기 힘들기는 마찬가지였을 것이다. 그 고통이 너무나 극심해서, 목숨 걸고 낯선 대륙으로 살길을 찾아 나서는 것이 차라리 덜 고통스러웠을 것이다. 그렇게 떠나 이윽고 낯선 땅에 도달한 이들 중에는 살아남아 오늘날 남북아메리카, 호주, 뉴질랜드, 남아프리카 등에서 살아가고 있는 백인들의 조상이 된 사람들도 있고, 적응하지 못하거나 먹을 것을 비롯해서 생존을 위한 필수품을 조달하지 못해서 죽어간 사람들도 많았을 것이다.

우리는 이러한 현상을 지난 세기에 우리나라에서 전개된 이민의 역사에서도 찾아볼 수 있다. 우리의 이민 역사는 구한말부터 시작되었다. 하와이의 사탕수수를 베는 막노동 이민에서부터 청운의 꿈을 품고 학문을 연마하러 유학을 떠나 그곳에 자리 잡은 이민에 이르기까지 종류도 다양하고, 각 개인마다 동기도 다양하다. 그 결과 오늘날 해외에서 살고 있는 한민족의 수가 약 700만 명에 이르고, 세계 어느 곳을 가도 한국 사람을 만날 수 있는 실정이다. 이탈리아의 시골 농장에서도, 캐나다의 로키 산 속 식당에서도, 알프스 산간 마을에서도, 호주에서도, 여기 전부 나열할 수도 없는 이 세상 구석구석에서 한국 사람들을 만날 수 있다.

그런데 지난 세기 말에 한동안 이민자의 수가 급격히 감소했었다. 국내 사정이 좋아지자 굳이 밖으로 나갈 필요가 없었던 모양이다. 그러나 IMF 경제 파동을 비롯해서 지난 몇 년 동안 일어난 일련의 사건들은 우리로 하여금 다시 엄청난 고통을 감수하면서 나라 밖으로 나가도록 하고 있다.

그 동기야 어떠하든 나라 밖으로 나간 사람들이 현지에서 잘 적응하여 자리 잡게 되면, 그것은 그 본인에게는 물론 국내에 남아 있는 사람들에게도 무척 좋은 일이다. 우리나라 인구밀도가 세계 3위인 것을 생각하면, 밖으로 나가서 자리를 잡는 것은 애국의 의미도 크다.

그런데 이들이 현지에서 자긍심을 가지고 기쁘게 살아갈 수 있으려면, 국내의 사정이 좋아져야 한다. 저 멀리 고국에서 들려오는 소식이 나쁜 것들이기만 하면, 얼굴을 들고 밖에 나가 일할 힘이 나지 않아 자긍심은 커녕 어깨가 자꾸만 움츠러들고 목소리가 기어들게 마련이다. 더구나 고국으로 다시 돌아올 것을 염두에 둔 자녀교육만을 위한 이민이라면, 국내의 사정이 더욱 문제가 된다.

나라 안에 남아 있는 사람도 밖에 나간 사람도 서로의 처지에 영향을 크게 받고, 서로에게 힘이 되기는 마찬가지다. 양쪽에서 건투가 요청되고 있다.

전문가들도 찾기 힘든 적정한 규제

그동안 국내외에서 상당한 기간 동안 환경문제를 극복하고자 하는 노력이 있었음에도 불구하고 문제가 극복되거나 줄어들기는커녕 날이 갈수록 커지고 있다. 이는 단순히 환경문제를 극복하고자 하는 의지가 박약하거나 노력이 부족해서만은 아니다.

인구밀도가 km^2당 470명을 넘어선 우리나라는 식량자급률이 불과 25%밖에 되지 않아 해마다 외국에서 1,500만 톤 가까운 곡물을 수입하고 있다. 지금처럼 국외로부터 수입할 수 있는 여건이 앞으로 언제까지 지속될 수 있을지를 상세히 고찰해 보면, 앞날에 대해 염려하지 않을 수 없고 이에 대비책을 강구해야 할 실정이다.

우리나라는 해마다 국외에서 국내 소비량의 70% 이상에 해당하는 식량, 96%에 해당하는 원목, 98%에 해당하는 석유, 석탄 등 화석 에너지, 100%에 해당하는 펄프와 이 밖에도 많은 양의 원자원을 수입해서 우리나라의 산업과 국민의 일상생활을 유지해 나가고 있다. 이것은 해외에서 수입한 원자원을 재료로 하고 우리나라의 환경을 활용하여 산업시설을 가동하고 생산된 물품을 수출하면서 우리 일상의 삶을 유지해 나간다는 의미다. 그러나 이러한 형태의 산업과 생활형태도 우리의 환경이 활용할 수 없을 정도로 나빠질 경우에는 유지가 불가능하게 될 것이다.

정부와 사회단체들은 1970년대 이후로 오염문제가 심각해져 가고 있다는 사실을 인식했으면서도 그것을 막아내지 못한 것은 오염문제를 극복하려는 의지가 박약해서만은 아니었다. 일자리를 만들고 유지하여 사람들이 최소한의 기본생활을 할 수 있도록 하는 것도 국가와 사회단체들이 해야 하는 중요한 책무였기 때문이다.

이러한 문제는 현재도 지속되고 있다. 환경오염을 방지하기 위한 규제가 지나칠 경우에는 산업시설을 유지, 가동할 수 없게 되어 실업자가 양산될 것이고, 규제가 미비할 경우에는 환경오염이 심각해져 갈 것이다. 환경오염방지를 위한 규제의 적정 수준이 어느 선인가에 대해 전문가들이 연구를 많이 하고 있으나, 일자리가 있는 곳에서 환경이 전혀 오염되지 않을 것을 기대하기는 어렵다.

우리가 생명 유지를 위해 행하는 기초적인 활동에서 배출되는 폐기물질은 규제의 대상이 될 수 없는 것이다. 그런데 국민의 기초생활에서 나오는 폐기물은 매일 생활쓰레기가 10톤 트럭 4천7백 대 분이고, 이보다 조금 더 되는 분뇨가 배출된다. 이들은 산과 바다에 매립되거나 버려지면서 끊임없이 환경에 부담을 주고 있다. 작년 한 해 동안 바다에 버린 슬러지sludge와 분뇨찌꺼기가 4백만 톤에 이른다고 한다. 서해안에서는 이들로 오염된 물을 이용해 소금을 만들고 있고, 그 소금이 우리의 밥상에 오르고 있는 실정이다.

이 과정에 규제가 개입할 수 있는 여지는 참으로 적다. 이제 와서 모든 것을 재활용했던 농경생활로 되돌아가기에는 이 땅에 너무나 많은 수의 사람들이 살고 있고, 여러 다른 이유로도 어려운 일이다. 그래서 오늘날 우리가 직면해 있는 환경문제는 개개인의 절제된 생활만으로는 극복이 불가능한 문제다. 그럼에도 불구하고 극복해 나가야만 하는 것이 또한 환경문제다.

오래지 않아 더욱 강하게 목을 죄어올 환경문제를 극복할 적정한 규제를 먼저 우리 각자 안에서부터 찾아보아야 할 것 같다.

생태계의 부양능력에 맞는 의식과 생활방식 개발

오늘날 환경문제를 극복하려는 여러 종류의 노력에는 '지속가능한 개발'이라는 정신이 기본으로 깔려 있다. '지속가능한 개발'은 소비문화의 극복과 근검절약에서부터 시작해야 할 것이다. 환경문제에 대한 의식이 개화된 사람들의 절제된 삶과 양보는 매우 중요하고 큰 반향을 불러일으키는 것임에는 틀림없다. 그러나 소비주의는 개인의 자발적인 검소한 생활만으로 극복할 수 있는 것이 아니라, 국가적 차원의 교육과 정책수립 그리고 강한 실천의지가 함께해야 극복해 나갈 수 있는 것이다. 환경오염의 주된 원인 중의 하나인 소비문화를 멀리하고 근검절약하는 문화를 널리 보급하기 위해서는 우리의 문화, 공동의 지혜와 습관 속에 잠재한 청빈한 삶을 존중하는 철학을 되살려 활용해야 한다.

오늘을 살아가고 있는 생명들이 존중받고, 우리 스스로가 생명을 존중하기 위해서도 우리의 삶의 현장, 즉 생태계의 원리와 상황에 대해서 충분히 파악하고 교육해 나가야 한다. 많은 사람들이 함께 효율적으로 환경문제를 개선해 나갈 수 있도록 하기 위해서도 우리의 환경과 생태계에 대한 교육이 체계적으로 이루어져야 한다.

지구 생태계가 부양할 수 있는 생명체의 수에는 한계가 분명한 것도 사실이고, 이것을 존중하지 않을 경우에는 기근, 질병, 전쟁, 재해 등과 같은 엄청난 고통이 몰려와서 조절하는 것도 사실이다. 하느님께서 우리에게 생명의 축복도 주셨지만, 그것에 생로병사의 한계를 주신 것도 사실이다. 오늘날 인류는 생명공학을 동원하여 인간의 수명을 가능한 한 길게 연장하려는 노력을 하고 있지만, 어느 정도 연장하는 것이 가능해진다 하더라도 한계는 여전히 존재한다. 어떠한 상황에서도 한계는 언제나 존재하게 마련이다. 그래서 우리는 인간에게 그어진 한계에 대한 고찰을 좀더 진지하게 할 필요가 있다고 생각한다.

이러한 상황에서 우리는 문제의 핵심을 들여다보는 용기를 가질 것을 요청받고 있고, 좀 더 객관성 있고 실천 가능한 새로운 사고를 발굴해야 하는 시대적 요청을 받고 있다. 이 작업은 많은 노력과 용기를 필요로 한다. 새로운 의식 개발을 위해서 학자들 간에 진지한 토의와 연구가 있어야 하고, 모든 사람들이 함께 실천할 수 있는 방안을 마련해야 한다.

그렇지 않을 경우에는 결국 고통이라는 해결사가 등장하게 될 것이다. 우리가 지혜를 모으고 용기를 내어 친환경적인 생각과 삶을 실천해 나가지 않으면, 고통이 몰려와서 결국은 환경 친화적인 삶을 실천해 내도록 할 것이다. 그것은 우리에게 엄청난 재앙, 즉 수많은 사람들의 죽음을 의미하는 일이다.

지난번에 우리의 생활과 의식을 강타한 IMF 사태는 우리가 시기에 맞춰 적절한 조치를 취하지 않으면 어떤 결과가 온다는 것을 보여 주었다. 그리고 그 결과가 왔을 때, 비로소 사람들은 정신을 차리고 신속한 대응을 하는 듯이 보였다. 그러한 반응을 보이지 않고는 더 큰 어려움이 밀려올 것이 분명했기 때문이다.

환경문제도 이 같은 문제이기에 우리의 생태계의 부양능력에 맞는 의식과 생활방식을 개발하고 실천해 나가야 죽음의 재앙을 피할 수 있을 것이다.

북한의 식량문제

성인이 하루에 필요로 하는 에너지는 약 2,000~3,000Cal이다. 이 정도의 에너지를 확보하기 위해 우리가 매일 먹는 음식의 종류는 곡식, 채소, 과일, 생선, 고기 등 대단히 많은데, 그 무게는 약 1.5kg 정도 된다. 세계식량계획WFP과 국제농업기구FAO에 의하면 하루에 1인당 필요로 하는 곡물의 양은 약 900g이다. 그래서 세계식량계획에서는 국민 1인당 돌아가야 하는 곡물의 양을 연간 330kg으로 간주하고 세계의 곡물 생산량과 비축량을 점검한다.

2001년 3월 18일자 「가톨릭신문」의 보도에 의하면, 약 2천2백만의 북한주민이 당해에 필요로 하는 최소한의 곡물량은 478만 톤이라고 한다. 그런데 북한의 예상 수확량은 292만 톤에 지나지 않아 186만 톤 이상의 외부지원이 시급한 상황이다. 북한에서 생산되는 292만 톤에 지나지 않는 곡물로는 1인당 연간 133kg만을 제공할 수 있다. 어떤 방법으로든 186만 톤을 구하여 총량 478만 톤을 확보한다 하더라도 1인당 217.2kg을 제공하는 정도에 지나지 않는다. 이 정도로는 목숨을 겨우 부지할 수 있을지는 모르지만 인간의 품위에 맞는 생활을 하기는 어렵다.

해마다 여러 국가와 다양한 단체, 개인들이 적게는 수백 톤에서 많게는 수십만 톤에 이르기까지 곡물을 확보하여 그곳까지 가져다 주었다. 곡물은 산에서 석탄이나 광석을 캐듯이 있는 것을 캐오면 되는 것이 아니라 ─ 이것도 쉬운 일은 아니다 ─ 땅을 갈고 씨앗을 뿌려 시간을 두고 키워야 하는 생명체다. 그래서 물량을 확보하는 데에 적지 않은 어려움이 있다.

그곳까지 가져다 주는 일도 그 못지않게 어려운 일이다. 부패하지 않도록 보존하고 운반하기 위해서는 엄청난 경비와 노력이 필요한 것이다.

게다가 식량분배문제와 관련하여 여러 가지 잡음이 들려오는 것을 보면, 북한에서는 힘들여 가져간 식량을 나누어 주는 일도 만만찮은 모양이다. 어려움에 처한 이웃을 돕는다는 좋은 마음으로 보낸 곡물이 필요한 사람들에게 제대로 분배되고 있는가를 확인하는 일도 때로는 쉽지 않아서, 우리는 북한에서 훈장까지 받은 독일 의사가 추방되어 남한을 통해 판문점에서 시위를 하던 것에서 많은 것을 읽을 수 있었다.

이제는 국제 사회가 이러한 일에 지쳐가고 식상해하는 모양이다. 앞의 보도에 의하면, 우리나라를 비롯해 국제 사회가 지난 몇 년 동안 북한을 돕기 위해 적지 않은 노력을 기울였는데도 같은 상황이 지속되자 이제는 모두들 피로를 느끼고 있단다. 그래서 금년의 북한 식량사정이 어떻게 될 것인지 궁금하고 염려스럽다.

우리는 참혹했던 에티오피아와 소말리아의 기아참상을 잊지 않고 있다. 국제 사회가 그곳의 기아를 극복하기 위해 많은 노력을 기울였음에도 불구하고, 그곳은 결국 수백만의 소중한 사람들이 삶의 자리를 내주는 것으로 정리되고 말았다. 그리고 그곳에서 살아남은 자들은 아직도 기아에 허덕이며 생과 사의 갈림길에서 생존을 위해 열심히 노력하고 있다. 북한도 그렇게 되지 않을까 염려스러운 것이다.

하늘은 스스로 돕는 자를 돕는다고 했던가. 문제의 근본 해결책은 안에서 나와야 할 것이다. 남한보다 더 넓은 땅에서 남한보다 훨씬 적은 곡물을 생산하고 있는 현재의 생산방식을 개선할 수 있는 여지가 북한의 여기저기에 보인다. 그 여지를 잘 활용하지 못하여 지속적으로 시달리고 있는 북한의 식량문제는 궁극적으로는 자연재해가 아니라 인간재해인 것이 틀림없어 보인다.

남한의 식량문제

우리 남한의 식량상황에 대해서도 간략히 살펴보도록 하자. 남한에는 현재 5천만이 넘는 인구가 하나뿐인 자신의 소중한 삶을 살아가고 있는데, 이들 삶에 필요한 곡물의 양은 연간 약 1천5백만 톤에 달하고, 사료로 사용하는 곡물까지 합하면 매년 2천만 톤 이상이나 된다. 북한에 비교해서 남한은 전라남북도 크기만큼 작은 99,300km²이고, 인구는 두 배가 넘지만 대부분의 주민들이 먹는 문제로 고통을 받지는 않고 있다. 오히려 너무 많이 먹어서 살을 빼야 하는 사람들의 고충이 갈수록 늘고 있는 실정이다. 이 상황이 언제까지 가능할까? 북한의 식량문제는 북한만의 문제일 뿐이고 남한에는 결코 찾아오지 않을 것인가?

필자가 초등학교를 다니던 60년대에는 문전걸식을 하던 분들이 많아서 아침식사 때마다 거의 빠짐없이 몇 차례씩 대문간에서 구걸하던 사람들에게 밥과 반찬을 나누어 주시는 어머님의 심부름을 해야 했었다. 그때는 먹을 것이 없어서 굶는 사람들도 간간이 있었고, 그때마다 동네의 화젯거리가 되곤 했다. 그런데 그 당시 우리나라의 식량 자급률이 95%에 달했으니 부족한 5%때문에 많은 사람들이 고통을 받았고, 먹을거리는 구하기가 만만찮은 소중한 존재였다.

1961년에 남한 총인구가 2,576만 명이어서 km²당 262명이었는데, 1971년에 인구가 3,288만 명으로 불어났고, 식량자급률은 80%로 낮아졌다. 이 추세는 지속되어 1991년에 남한 인구가 4,326만 명이 되었고, 식량자급률은 37.5%로 내려갔다. 1995년에는 인구가 4,500만 명을 넘어섰으며, 식량자급률은 30%를 밑돌게 되었다. 현재는 인구가 5,000만 명을 넘어서서 식량자급률은 25%대를 유지하고 있다. 1975년에 경지면적이 214만ha였던 것이 1992년에 207만ha로 줄어들었고, 현재는 189만ha 정도다. 국민 1인당 경지면적이 약 165평 정도 되어 미국의 2,500평, 캐나다의 5,500평에 비해 턱없이 적은데, 그마저 해마다 택지, 공장용지, 도로, 공공시설물 등에 의해 잠식되고 있다. 현재 해마다 약 2%의 경작지가 잠식되고 있기 때문에, 이런 추세로 나가면 앞으로 30~40년 후에는 이 땅에 경작지를 찾아보기 힘들 정도가 될 것이다.

현재의 경작지에서 수확하는 곡물의 총생산량은 주곡인 쌀 약 520만 톤을 포함하여 약 600만 톤 정도다. 그래서 해마다 막대한 양을 외국에서 수입해서 먹거나 사료로 사용하고 있다. 그 양은 국내 생산량의 두 배를 훨씬 넘는 약 1,500만 톤을 웃돌고 있다. 휴일을 제외하고는 매일 5만 톤의 곡물을 실은 배가 입항해서 우리 국민이 먹고살고 있다.

책상에 앉아서 이런 내용을 쓰고 있는 필자나 읽고 있는 독자 여러분이나 이 과정에 얼마나 많은 사람들이 수고하고, 얼마나 많은 변수가 들어 있는지를 정확히 알지 못한다. 그저 먹을거리가 있기에 쉽게 사서 먹고 있다. 그러나 그게 그렇게 쉬운 일이 아니란 것을 필자는 이 책을 통해 더 알리려 한다. 우리 모두가 우리의 실상을 좀 더 정확히 파악하고 있어야 '지속가능한 미래'를 위한 올바른 생각과 생활방식을 도출할 수 있을 것이기 때문이다.

산 좋고 물 좋은 거창에서 태어난 필자는 유아시절에 할아버지를 따라 논밭에 가서 농사일의 즐거움과 고달픔을 어렴풋이 경험했었다. 열심히 일해서 가을걷이를 하는 기쁨도 잠시, 수확한 곡식을 이리저리 나누고 나면 3대가 함께 살던 대식구인 우리 가족이 겨우 먹을 양식 정도만 남았다.

당시에는 비싼 비료와 농약을 사용할 형편도 못되어 대부분 퇴비에 의존해서 농사를 지었다. 그런데 언제부턴가 비료와 농약을 대량으로 사용하면서 수확량이 급격히 증가하더니 같은 면적의 논에서 약 3배 가까이 증산을 하게 되었다. 품종을 개량하고 더 좋은 비료와 농약을 치는 등 노력하면 단위면적 당 생산량이 자꾸만 많아질 것으로 기대되기도 했었다. 그러나 1ha당 생산량이 4.5~4.7톤에서 머문 지 오래다. 물대기를 더 잘 하고, 더 좋은 비료와 더 강도 높은 농약을 뿌려도 더 이상 증산이 되지 않는다. 아마도 한계상황에 이른 모양이다. 비료를 더 치면 더 잘 크기는 커녕 역삼투압 작용으로 작물이 말라죽고 만다. 해충이 없는 데에 농약을 쳐봤자 더 좋은 효과가 있을 리 만무다. 오히려 사람만 잡을 일이다. 그런 데 경작지는 자꾸만 잠식되고 있다.

그래서 외국에서 엄청난 양의 곡물을 사다가 국민을 먹여 살리고 있다. 외국에서 곡물을 계속해서 조달할 수 있으려면, 두 가지 요소가 반드시 필요하다. 하나는 사올 돈이 있어야 하고, 다른 하나는 외국이 내다 파는 곡물이 있어야 한다. 지난번 IMF 사태 때에 미국으로부터 농산물을 구매 할 수 있는 긴급자금을 지원받아서 위기를 면했는데, 앞으로 그런 위기가 없어서 곡물을 살 돈은 충분히 있다고 가정하더라도 외국에서 우리에게 팔겠다고 곡물을 계속 내놓을 것인지 그것도 짚어봐야 하는 문제다.

현재 지구촌에서 생산되는 곡물의 총량은 약 17~18억 톤이다. 이중에 서 6억 톤 정도가 고기생산을 위해 동물 사료로 사용되고 나머지는 사람 들이 먹고 있는데, 지구촌에서 식량이 없어 굶어 죽는 사람은 해마다 약 1,800만 명에 이르고, 약 8억 명이 만성 영양실조에 시달리고 있다. 지구 촌에서 생산되는 곡물의 총량이 더 이상 늘어나지 않은 지 오래되었다. 총생산량을 획기적으로 늘릴 수 있는 여지가 현재로선 없다. 그런데 인구 는 해마다 약 1억 명씩 늘어나고 있다.

이러한 상황에서 국제 곡물시장에 내다 팔려고 내놓는 곡물의 양은 약 2억 톤에 이른다. 그 중 약 1억 톤이 미국시장에서 나오고, 나머지는 캐 나다, 태국, 호주와 다른 여러 나라로부터 나오고 있다. 세계에서 곡물을 가장 많이 수입하는 나라는 일본으로서 해마다 약 4,000만 톤 정도 수입해 간다. 그 다음이 우리나라다. 몇 년 전만 해도 국내산 곡물을 외국에 내다 팔던 중국이 더 이상 허리띠를 졸라맬 이유가 없다 하여 막대한 양의 곡물을 수입해가고 있다. 앞으로 중국과의 수입 경쟁이 더욱 치열해질 것이다.

이러한 상황에서 지금처럼 곡물을 안정되게 수입할 수 있는 기간이 얼마나 지속될 수 있을까? 앞으로 5년 뒤에는 어떨까? 아마도 그때까지는 괜찮을지 모른다. 10년 뒤에는? 글쎄, 좀 어려워질 것 같다. 20년 뒤에는? 모르긴 해도 제법 어려워질 것이다. 국내 생산량은 경작지 잠식으로 인해 더욱 줄어들 것이다.

이 지구촌에서 유일한 생산자인 식물이 행하는 광합성 능력을 인류가 인공으로 해낼 수만 있다면, 식량문제를 걱정하지 않아도 될 것이다. 그런데 전문가에게 문의해 보니, 그게 그렇게 만만한 일이 아니라고 한다. 유전자 변형 식품은 두려움의 대상이 되어 우리 모두 아예 입에 대기도 싫어한다. 어떻게 할 것인가? 함께 생각해 보자, 재앙을 면하기 위해서.

연간 1,500만 톤 이상의 곡물을 수입해서 먹고사는 우리의 곡물 수입 과정을 알고 있는 것도 이 문제를 좀 더 정확하게 진단하는 데에 도움이 될 것으로 생각한다. 5만 톤 화물선 300대를 동원해야 이 정도의 분량을 실어나를 수 있다. 지금부터 수입계획, 계약과정, 운반과정, 식품으로 각 가정에 공급되기까지의 과정에 대해서 간단히 살펴보도록 하자.

세계식량계획에서 권하는 곡물 비축량은 그 나라 국민이 최소한 60일 동안 먹을 수 있는 분량 이상이다. 세계의 곡물 비축량도 60일을 기준으로 삼고 있다. 세계 곡물 비축량이 전세계 국민이 60일 이상 먹을 수 있는 분량이면 곡물 가격이 안정되고 그 이하이면 오르게 되는데, 그 날수가 낮아질수록 점점 더 다급해진다. 그 이유는 곡물 생산국에서 소비국까지

운반하는 데에 최소한 60일은 걸리기 때문이다.

우리나라가 비축하고 있는 곡물량이 60일 이상 충분히 여유가 있으면, 곡물을 내다 파는 나라에 가서도 여유가 있다. 비싼 것과 품질이 나쁜 것은 피하고, 품질이 좋고 가격이 저렴한 것을 고를 수 있다. 그러나 비축량에 여유가 줄어들면, 품질과 가격을 고려할 여유도 점점 줄어든다. 최악의 경우에는 품질과 가격에 상관없이 있는 대로 매입해야 한다.

세계에서 가장 큰 곡물 시장은 미국 시카고다. 미시시피강 유역의 곡창지대에서 생산한 곡물의 거래를 이곳에서 한다. 곡물수입계획에 따라 우리 정부의 공무원 또는 수입상인이 밀 5만 톤을 구매하기 위해 이곳에 갔다고 하자. 이곳에서는 모두 경매로 물품을 사고판다. 일본, 중국, 홍콩, 싱가포르, 영국, 러시아 등 여러 나라에서도 공무원이나 수입상인이 이미 와 있다. 미국의 곡창지대 중의 하나인 캔자스의 어느 농가에서 보내온 샘플을 내보이며 경매사가 이들 앞에서 가격 경쟁을 시킨다. 가장 많은 돈을 가장 좋은 조건으로 주겠다는 사람에게 낙점된다. 일본에서 온 상인이 톤당 150달러 준다고 하고, 중국 상인은 160달러, 한국 상인이 다시 170달러, 일본 상인이 다시 180달러, 다급한 러시아 상인이 돈이 궁함에도 불구하고 톤당 190달러를 부른다. 가격은 자꾸만 오른다. 마침내 시일을 늦출 수 없는 한국 상인이 200달러를 부르자 모두들 잠잠해진다. 이렇게 톤당 200달러에 5만 톤, 총 1,000만 달러에 계약이 이루어졌다고 하자.

물품은 캔자스 농가들에 있다. 한 농가에 5만 톤이 모두 있는 것이 아니다. 미국의 한 농가가 가진 경작지가 대략 가로 세로 1km, 약 100ha 정도 되고, 이 정도의 땅에서 생산되는 곡물량은 넉넉잡아 ha당 5톤 - 실제로는 이보다 못하다 - 모두 500톤이다. 5만 톤은 100가구에서 1년 동안 애써 농사지은 것을 전부 모은 양이다. 면적으로 환산하면, 100km²에서 생산한 양이다. 서울시 전체 면적의 7분의 1이 조금 더되는 경작지에서 생산된 양이다.

농부 한 사람이 1km²의 경작지에 농사짓는 일은 모든 것을 기계로 한다 해도 쉬운 일이 아니다. 아침 일찍 일어나서 트랙터를 점검하여 일할 수 있는 준비를 한 후, 아내가 싸준 샌드위치를 들고 나서면, 하루 종일 혼자서 외로움, 뙤약볕, 잡념, 불평, 고달픔 등과 싸워가면서 넓고 넓은 땅을 갈고 비료를 뿌리고, 씨앗을 심고, 일은 끊임없이 연결된다. 트랙터가 고장 나기라도 하면, 어지간한 것은 스스로 고쳐야 한다. 수십km 떨어져 살고 있는 전문 기술자를 부르려면 돈도 많이 들고 그날 일을 못하고 공치고 만다. 고장 나지 않을 좋은 성능의 새 트랙터는 엄청나게 비싸서 살 엄두를 낼 수가 없다. 몇 년 농사지은 것을 모두 주어도 살 수 있을까 말까하다.

힘들여 농사지은 것이기에 농부는 자신의 경작지에서 생산한 곡물의 가격이 높기를 바란다. 그래야 아이들 학비도 마련할 수 있고, 내년 농사를 위한 준비도 해나갈 수 있고 자신과 마찬가지로 고달픈 삶을 함께 살고 있는 아내와 잠시 휴가라도 다녀올 수 있기 때문이다. 우리나라에서와 마찬가지로 미국에서도 움직이기만 하면 돈이 든다. 많은 종류의 세금과 보험을 지불해야 하고, 할부로 구매한 온갖 종류의 농기구와 생활기구의 빚도 갚아야 하는데, 이 모든 것들이 다 만만찮다. 농사를 잘못 짓거나 계산을 잘못하면 파산으로 연결되어 거리에 나가 앉는 신세로 전락하기 십상이다. 그래서 멀리 아프리카나 북한에서 굶주리고 있는 사람들에게 농장의 식량을 나누는 일도 그렇게 쉬운 일이 아니다.

정부가 5만 톤의 곡물을 구매했다는 것은 미국의 농부 100명과 이들이 농사를 지을 수 있도록 지원하는 많은 수의 사람들이 고생하여 농사지은 것을 몽땅 우리나라 국민을 위해 소유하게 되었다는 것을 의미하는 것이다. 이제 캔자스에 있는 밀을 서부 LA, 샌프란시스코, 시애틀 중 한 곳으로 운반해야 한다. 우리나라의 곡물운반선이 이곳에 정박하기 때문이다. 5만 톤이면 10톤 트럭 5천대 분이다. 농가의 창고에 있는 밀을 기차역으로 부지런히 옮겨야 한다. 시간을 너무 끌어도 안 된다. 운반도중에 오염 물질이 과다하게 들어가도 곤란한 일이다.

기차의 화물차량 하나가 100톤을 싣는다면, 5만 톤은 화물차량 5백 대를 동원해서 실어야 하는 분량이다. 화물차량 1대가 10m의 길이라면, 길이만도 5km나 된다. 이 정도면 기관차도 여러 대 동원해야 하고, 한 번에 다 끌고 갈 수도 없다. 농가에서 5만 톤을 기차에 옮겨 싣는 일은 최소한 1주일은 걸리는 일이다. 로키산맥을 넘는 수천km의 거리를 달리는 일도 만만찮다. 달리고 또 달려 끝이 없어 보이는 길을 며칠이고 계속해서 가야 한다. 기관사들도 사람이라 식사도 해야 하고 잠도 자야 한다.

마침내 기차가 서부 해안에 도착하여 우리의 배가 기다리는 곳에서 하역작업을 하는 일도 많은 일과 시간을 필요로 한다. 먼저 기차에서 부두의 창고로 옮겨야 한다. 그 다음엔 다시 배에 실어야 한다. 뜨거운 태양이 내리쬐는 태평양을 횡단하는 동안 이 엄청난 양의 곡물이 부패해서도 안 된다. 그래서 방부제도 좀 들어가야 할 것이다. 썩어서 먹지 못하게 되는 것보다는 방부제가 들어가더라도 먹을 수 있는 것이 낫다. 방부제가 겁나서 전혀 사오지 않을 수는 더더구나 없다. 5,000만의 생명이 왔다갔다하는 일이다.

배에 싣고 태평양을 건너기까지 1개월은 족히 걸린다. 배가 부산이나 인천에 도착하면, 하역할 수 있는 부두에 닿기 위해 다시 차례를 기다려야 한다. 마침내 하역을 하면 밀은 부두의 창고에 저장된다. 이제는 전국 각 지역에 있는 제분소로 운반해야 한다. 대형의 곡물운반차량들이 밤낮 없이 부지런히 왔다갔다한다. 제분소에서 밀가루가 된 밀은 다시 라면공장이나 제빵소로 옮겨지고, 마침내 대형유통망을 거쳐 소매점으로 가서 사갈 사람들을 기다리게 된다.

이 전 과정이 잘 진행되는 데 두 달 정도 걸린다. 오늘날 우리는 인천항과 부산항에서 이런 과정을 거쳐 구매해 온 곡물을 주일을 제외하고 거의 매일 5만 톤급 배 한 대 분량씩 받아들이고 있다. 이 과정 어느 한 곳에서라도 차질이 생기면, 그것은 우리에게 어려움을 의미한다. 차질이 빈번하면, 재앙을 의미하게 된다. 앞으로도 이 구조는 반드시 차질 없이 건강하게 유지되어야 한다.

그런데 과연 그것이 차질 없이 계속 유지될 수 있을까? 위험한 요인들이 곳곳에 자리 잡고 있다. 우리의 환경이 점점 더 나빠져 가면, 외국에서 원자원을 사다가 이 땅의 환경을 이용하여 제품을 생산하여 내다 팔아 곡물과 원자원 구입을 위한 자금을 마련하는 현재의 산업구조에 위험이 몰려올 수 있다. 돈이 충분히 있다 하더라도 외국에서 내다 파는 곡물의 양이 충분하지 않으면 큰 문제다. 필자는 이것이 가장 염려스럽다. 우리 다 함께 '지속가능한 미래'를 위해 머리를 모아보자.

세계 식량생산 현황

1950년에 지구에서 생산된 곡물의 총량은 6억 3,100만 톤이었는데, 1990년까지 연평균 약 3%씩 꾸준히 생산량이 증가되어 이 해에 17억 8,000만톤을 생산했다. 1950년도에 곡물이 1인당 246kg씩 돌아가는 수준이었는데, 1990년에는 335kg이나 되었다. 그동안 세계 인구는 약 25억에서 40억으로 늘어났는데도 불구하고 1인당 돌아가는 곡물의 양이 꾸준히 증가한 셈이다.

그렇게 된 주된 원인은 종자개량, 비료, 농약, 관개수 확보 등에 의한 것이다. 1950년 이전에는 지구촌에 개간할 곳이 남아 있어서 주로 경작지의 확장에 의해 농산물의 생산량을 꾸준히 늘렸다. 그러나 그 이후로는 더 이상 개간할 만한 땅이 별로 남아 있지 않아서 경작지의 확충속도는 매우 느려졌다가 1981년을 기점으로 매년 감소추세를 보이고 있다. 전세계 곡물 재배 면적이 이 해에 7억 3,500만ha에 이르렀었는데, 10년이 지난 1991년도에 약 4,200만ha가 감소되어 6억 9,300만ha를 기록했다. 10년이 지난 지금은 더 줄어들어 있을 것이다.

중국에서도 1976년 이래 해마다 전체 경작지의 1% 가량이 줄어들어 곡물수출국이던 중국이 수입국으로 전환되었다. 우리나라는 해마다 전체 경작지의 2%가 도로, 공장, 주택 등 인공물들에 의해 잠식되고 있어서 앞으로 40~50년이 지나면 경작지가 없어지지나 않을지 몹시 염려스럽다.

세계 최대의 곡물 수출국인 미국의 경작지 현황도 밝지만은 않다. 미국에서 살다온 사람들은 미국에 경작이 가능하지만 놀려두고 있는 땅이 대단히 많은 것으로 말하곤 한다. 그러나 미국은 우선 전세계 육지면적의 15분의 1에 해당되고, 그것도 서부의 상당한 면적이 경작이 불가능한 사막지대다. 워싱턴 DC에 있는 월드워치 연구소 소장인 레스터 브라운 박사에 의하면, 실제로 미국에서 경작이 가능하지만 후세대를 위해서 놀려두고 있는 땅이 약 500만ha에 지나지 않는다.

현재로선 여러 가지 이유로 지구촌에서 경작지 확충을 통해 곡물수확량을 늘리는 일은 기대하기 힘든 상황이다. 그동안 곡물 생산량의 증가에 획기적인 역할을 해온 종자개량, 비료, 농약, 관개수의 효과도 이제는 한계상황 가까이에 도달해 있다. 이제 지구촌에서 관개수를 더 확보하는 일도 쉽지 않아졌고, 비료 효과를 기대할 여지도 크지 않은 상황이다. 이전에는 1톤의 시비로 20톤의 곡물 증산을 이룰 수 있었으나, 이제는 지역에 따라 5톤의 증산효과도 기대하기 힘든 상황이고, 어떤 지역에서는 이미 한계상황에서 농사를 짓고 있다. 농약에 의한 증산의 효과를 기대할 수 있는 여지도 많지 않다. 종자개량을 통해서 수확량을 높여 보려고 애를 쓰고 있지만 그것도 그리 쉬운 일은 아니고, 유전자 조작을 통해 획기적인 증산을 이루려 시도하기도 하지만 그러한 농산물을 기피하기는 너나없이 마찬가지다.

이렇듯 지구촌에서의 곡물 생산량이 18억 톤을 한계선으로 더 이상 늘리는 일이 무척 어려워졌다. 지난 1990년 이후에도 인구는 해마다 1억씩 꾸준히 증가하여 이제는 60억을 넘어서 70억을 향해 달리고 있다.

고기를 더 많이 생산하려고 온갖 방법들을 다 동원하다 보니 광우병 사태가 생겨나 인류에게 큰 어려움을 주고 있다. 바다에서 잡아 올리는 해산물의 경우도 연간 약 1억 톤에서 고정된 지 오래다. 더 이상 잡아 올리면 씨를 말리게 되어 그마저 불가능하게 된다.

우리는 이러한 상황들에 대해 눈을 감을 수도 없고 피해갈 수도 없다. 어떻게 해야 '지속가능한 삶'을 만들어갈 수 있을까? 머리를 모아야 할 때이다.

아일랜드의 감자파동

오늘날에도 지구촌에서 식량문제를 제대로 해결하지 못해 재앙을 맞이하고 있는 곳이 도처에 있다. 우리나라는 식량자급률이 30% 이하를 맴돌고 있지만, 다행히 필요로 하는 양의 곡물을 제때에 수입하면서 대부분의 국민이 배불리 먹고살고 있다. 이러한 현상은 앞으로도 지속되어야 한다.

그러나 어려움이 다가올 경우에는 어떻게 대처할 것인가에 대한 시나리오를 미리미리 작성하여 혹시라도 있을 수 있는 난관에 대비하고 있어야 할 것이다. 오늘날 아프리카의 수단, 에티오피아, 소말리아, 북한 등지에서 진행되고 있는 기아 현상을 면밀히 관찰하는 것으로도 우리가 대비해야 할 방안을 찾는 데에 도움이 될 것이다. 그래서 필자는 지난 세기 유럽의 아일랜드에서 있었던 감자 파동을 소개하려고 한다. 우리에게 시사하는 바가 크다고 생각하기 때문이다.

영국 옆에 자리 잡고 있는 아일랜드는 북위 51~56도에 위치한 면적 약 7만km²에 약 350만의 인구가 살고 있는 북유럽의 작은 나라로, 이웃한 강대국 영국의 지배를 오랫동안 받은 아픔을 지니고 있다. 그러나 그 정치적인 지배 못지않은 큰 아픔을 지니고 있는데, 그것은 바로 1845년 ~1851년 사이에 있었던 감자파동이다.

아메리카 원주민인 인디오들의 야생감자를 개량해서 식용으로 개발된 감자는 소출이 대단히 많고 서늘한 기온에서 잘 자라는 작물이다. 독일, 미국 등 많은 국가에서 감자를 주곡 중의 하나로 삼고 있으며, 우리나라에서는 이른 봄에 씨감자를 심어 여름 장마가 본격적으로 시작되기 전에 수확하고 있다.

아메리카대륙에서 감자가 유럽으로 전달된 것은 16~17세기경이다. 아일랜드 주민들도 새로운 품종인 감자를 심어 수확해 보니, 밀이나 귀리를 심었을 때보다 소출도 훨씬 많고 맛도 매우 좋았다. 그래서 너나 할 것 없이 각 농가에서 감자를 심어 나갔다. 서늘한 기온에 잘 자라고 소출이 좋은 감자 덕분에 자녀들도 배불리 먹일 수 있어서 250만 명 정도에서 고정되어 조절되던 인구도 늘어만 갔다. 동서고금을 막론하고 인구와 식량은 밀접한 관계를 지니고 있다. 그래서 늘어난 인구를 넉넉히 먹여 살리기 위해서도 감자의 재배면적을 늘려갔다. 그러다 보니 감자파동이 시작되던 1845년 무렵에는 인구가 두 배 이상으로 늘어나 있었다.

그러다가 1845년부터 감자에 바이러스가 침투하여 문제가 커지기 시작했다. 너나없이 감자를 심어 전국 들판에 단일 작물인 감자만 자라고 있던 탓이었는지 감자 바이러스는 빠른 속도로 전파되어 갔고, 감자의 소출은 해마다 떨어져만 갔다. 이 현상은 6년 간 지속되어 1851년에야 비로소 가라앉았다. 재앙이 시작되자 배표를 살 수 있는 여유를 가진 사람들 중의 많은 사람들이 새로운 삶을 찾아 신대륙으로 이민을 갔는데 그 수가 백만을 넘었다. 남은 사람들 가운데 이 기간 동안 굶어 죽은 사람이 백 수십만 명에 이르렀다. 그 결과 다시 이전의 인구수로 돌아왔다.

그러는 동안 전통적으로 신심 깊은 가톨릭 신자들의 나라인 아일랜드의 주민들은 배고파 울부짖는 아이에게 먹을 것을 마련하려고 최선을 다했을 것이고, 힘에 부칠 때에는 하느님께 기도하면서 호소했을 것이다. 그러나 아일랜드의 생태계에 생긴 재앙은 그 개체수를 줄이는 것으로 정리되고 말았다.

지구의 생태계는 엄격한 질서를 지니고 있다. 생태계의 질서는 파괴되거나 변질되지 않는다. 생태계는 자신이 부양할 수 있는 수의 생명체들을 부양한다. 부양능력의 범위 내에서는 어느 한 개체의 수가 느는 것을 허용하고 도와주지만, 지나치게 불어나는 것은 결코 허용하지 않는다. 부양능력을 초과하게 되면 가차 없이 굶주림, 질병, 재해, 전쟁 등으로 털어내어 짐을 가볍게 하고야 만다. 인간이 생태계의 이러한 질서를 존중하지 않을 경우에 그것은 멀지 않은 시기에 재앙을 초래할 가능성을 키우는 일이다.

우리는 한반도라는 생태계에서 어떤 종류의 삶을 살아가고 있는가. 머지않아 재앙을 초래할 삶인지, 지속가능한 삶인지 끊임없이 점검할 일이다.

식물의 광합성작용

지구촌에서 살아가고 있는 생명체의 종류는 1,000만이 넘는다고 한다. 물론 이 숫자는 그 종류를 다 알 수 없는 미세 생물체인 바이러스와 박테

리아의 종류 수를 계산하지 않은 것이다. 1,000만 종이 넘는 생명체들은 크게 생산자, 소비자, 분해자로 분류된다. 엽록체를 가진 식물만이 생산자이고 초식동물을 비롯한 모든 동물은 소비자에 속하며, 세균이나 곰팡이류는 분해자에 속한다. 이들은 서로 영향을 주고받으며 이 지구 생태계에서 살아가고 있다.

소비자인 벌과 나비는 생산자인 식물이 제공하는 꿀을 먹고살지만, 이동성이 없는 식물이 수정을 하여 종족을 번식시키는 데에 한몫을 단단히 한다. 분해자들은 생물의 사체나 배설물을 먹이로 하면서 고분자 유기물질로 구성된 이들을 간단한 무기물질로 변환시켜 생산자인 식물이 사용할 수 있도록 한다.

그러나 이 셋 중에서 뭐니뭐니해도 역시 생산자인 식물의 역할이 가장 중요하다고 할 수 있다. 열역학 제2법칙에 의하면 에너지는 엔트로피가 증가하는 방향으로 이동한다. 즉 사용 가능한 에너지가 사용 불가능한 에너지로 이동하는 것이 에너지 법칙 중의 하나다. 그런데 유독 엽록체를 가진 식물은 이것을 거슬러 오를 수 있는 능력을 지니고 있다. 마치 살아 있는 물고기가 급류를 타고 올라가는 것과 같이 살아 있는 식물은 엽록체를 공장으로 삼아 물과 이산화탄소를 활용하여 저밀도의 태양에너지를 고밀도의 포도당으로 고착할 수 있는 능력을 지니고 있다. 그 방식은 다음과 같다.

$$6CO_2 + 6H_2O + 태양에너지 \leftrightarrow C_6H_{12}O_6(포도당) + 6O_2$$

식물이 광합성을 할 때는 좌측에서 우측으로 작용하고, 자신의 생명을 유지하기 위해 호흡작용을 할 때는 우측에서 좌측으로 작용한다. 초식동물과 육식동물 등 소비자는 우측에서 좌측으로만 작용하면서 식물이 만

들어놓은 포도당을 에너지원으로 삼아 자신의 생존을 이어간다.

지구촌에서 식물만이 할 수 있는 광합성을 인간이 인공적으로 해낼 수만 있다면 식량문제를 해결할 길을 열 수 있으리라. 그런데 생물학을 전공하고 있는 전문가들에게 물어 보니 이 광합성을 인위적으로 해내는 일은 현재로선 불가능하다고 한다. 누군가가 이 문제를 해결해 낸다면, 여러 분야의 노벨상을 몽땅 차지하고도 남을 것이다. 인류에게 큰 희망과 평화를 가져오는 일이기 때문이다.

광합성을 인공적으로 하는 것은 앞으로도 거의 불가능할 것이다. 그렇다면 우리의 목숨은 식물들의 광합성 작용에 크게 의존하고 있다. 식물의 광합성 작용은 지구로 들어오는 햇빛의 양, 물, 이산화탄소 그리고 땅의 크기에 달려 있다. 지구로 들어오는 햇빛의 양은 태양에서 발산되는 총열량의 5,000만분의 1이고, 지구 위 1m²에 연평균 500만kcal이다. 이것 역시 인위적으로 어떻게 해볼 수 없는 요소다. 이 중에서 약 100만~200만kcal 정도가 지상에 도달하고 그 중에서 식물이 광합성을 하는 양은 1~5% 정도이다. 이것을 바탕으로 하여 지구생태계는 복잡한 먹이사슬 체계를 구성하고 있고, 어느 한 종이 지나치게 불어나는 것을 결코 허용하지 않는다.

농부들은 땅은 거짓말을 하지 않는다고 한다. 땅은 가꾼 만큼 소출을 낸단다. 그런데 이런 말을 하는 농부가 한 마디 더 곁들이기를, 땅은 많이 넣어 주어야 한단다. 땅이 내는 소출보다 훨씬 더 많이 넣어 주어야 그 정도의 소출을 낸다고 한다. 유기물에 의존하든 비료에 의존하든 수경재배를 하든 어떤 종류의 재배를 하든 많이 넣어 주어야 한다. 유기물과 비료의 조달과 작용에도 일정한 법칙이 있다. 이 법칙을 존중하지 않을 경우에는 상황이 나빠질 뿐이다. 이러한 연유에 의해서도 우리는 먹을거리 문제를 풀어나가는 데에 신중할 필요가 있다.

식량문제의 해결방안

필자가 지금까지 이야기해 온 식량문제에 대한 해결책은 어떤 것일까? 물론 이 문제를 완벽하게 해결할 방안을 제시할 수 있는 사람은 없을 것이다. 만약 그런 사람이 있다면, 그는 우리 민족과 인류 전체가 굶주림의 고통에서 벗어날 수 있는 엄청난 희망을 가져오는 사람이 되겠기에, 온갖 종류의 노벨상을 수상하고 인류 역사상 가장 위대한 사람으로 칭송을 받아도 남음이 있으리라.

그런 사람이 나타나기를 희망하면서 필자의 작은 생각들을 제시해 본다. 독자 여러분께서도 참신하면서 실질적이고 훌륭한 여러 생각을 가지고 계시리라 생각한다. 우리의 생각을 모두 모아 정리하면, 혹시 노벨상 수상감이 될지도 모른다.

식량문제의 해결방안으로 필자가 가장 먼저 언급하고 싶은 것은 먹을거리에 대해 감사하는 마음이다. 우리가 매일 먹는 음식을 조달하기 위해 우리 스스로나 부모님 또는 보호자가 많은 수고를 하는 것은 사실이지만, 양질의 먹을거리가 저렴하게 공급되는 과정에는 그 수를 다 헤아릴 수 없는 많은 사람들의 수고와 세심한 사랑이 들어 있다. 또한 하느님께서 창조하신 태양을 비롯한 자연의 은혜가 먹을거리 속에 가득 들어 있는 것은 물론이다. 식량은 태양에너지를 식물이 광합성을 하여 포도당으로 고착한 것이므로, 우리 모두는 결국 '태양을 먹고사는 아이들' 이다.

쌀 한 톨에 들어 있는 그 큰 의미를 생각한다면, 우리 모두는 먹을거리 앞에서 수도자 못지않은 단정한 마음으로 감사의 자세를 가지게 될 것이다. 그 소중한 것을 대수롭지 않게 대하거나, 탐욕스럽게 먹거나, 마지못해 겨우 목에 넘기거나, 함부로 남기지 않을 것이다. 먹을거리를 감사하는 마음으로 소중하게 생각하는 것이 식량문제 해결의 첫걸음이다. 자신에게 꼭 필요한 분량을 감사히 먹고, 혹시라도 남으면 잘 보관했다가 다음에 먹어야지, 결코 음식찌꺼기로 내보내서는 안 될 것이다.

그리고 우리나라에서 오늘날 약 85%의 주민이 도시에서 살아가고 있고 농업에 종사하는 인구는 10%에도 못 미치지만, 가능한 대로 먹을거리를 내 손으로 키워볼 일이다. 내 손으로 가꾸어 수확한 것은 못생겨도 맛있고, 덜 익어도 맛있고, 맛이 좀 덜해도 먹는 데에 문제가 되지 않는다. 내 손으로 직접 가꾼 것은 배추 이파리 하나도 함부로 버리지 못한다.

주민의 절반 정도가 아파트생활을 하고 있는 오늘날 상황을 감안한다면, 아파트의 베란다에 화분을 마련하여 고추와 오이 모종 몇 포기라도 심어 볼 일이다. 커나가는 모습이 기쁨을 불러일으키기도 하겠거니와, 생명체들에 대한 경외감을 좀 더 갖게 하는 요소가 되기도 할 것이다. 기름진 토양을 갖춘 화분을 마련하는 과정에서부터 모종을 심고 키우는 전 과정에 정성이 들어가야 한다.

손수 키우는 먹을거리는 그 사람의 삶에 대한 성실도를 측정하는 계기판이 되기도 할 것이다. 먹을거리를 잘 키우는 사람은 먹을 자격이 있는 사람이고, 다른 일에서도 성실하여 이 땅에 존재할 가치를 지닌 사람일 것이다. 그러나 자신이 키우는 먹을거리가 잘 자라지 않을 경우에는, 삶에 대한 자신의 태도를 점검할 필요가 있기 십상일 것이다.

물론 일반적으로 성실한 사람이 이러저러한 이유로 먹을거리를 키우는 일에 성실할 수 없는 경우도 많을 것이다. 그런 경우에도 그는 먹을거리는 많은 정성을 필요로 하는 소중한 것이란 사실을 인식하여, 먹을거리 생산자에게 감사하는 마음을 가질 것이다.

신바람 나는 농사일

먹을거리를 직접 키워 본 사람들은 그것이 보통 일이 아니란 것을 알게 되었을 것이다. 고추 한두 포기를 키우는 일에도 많은 정성이 드는데, 하물며 우리가 매일 먹는 수많은 종류의 먹을거리를 생산하는 일에는 얼마나 많은 사람들의 수고가 들어 있겠는가. 옛날처럼 그것들을 모두 직접 알아서 조달해야 한다면, 엄청난 수고를 한다 해도 우리의 먹을거리 문화와 일상생활의 품질은 형편없이 낮아지고 말 것이다.

우리는 매일 먹고사는 먹을거리를 모두 직접 생산할 엄두를 내지 못한다. 그래서 할 수 없이 농사를 짓는 분들에게 의존할 수밖에 없다. 현재 국민의 90% 이상이 농사를 짓는 10%가 안 되는 분들의 수고에 의존하고 있다. 기술문명이 아무리 발달하고, 인터넷이 아무리 발달해도, 우리는 신선한 농산물을 먹어야 살 수 있고, 그것을 e-mail 주고받듯이 컴퓨터만으로 해결할 수는 없는 일이다. 인터넷을 통해 어느 곳에 어떤 양질의 농산물이 있는가에 대한 정보는 쉽게 입수할 수 있겠지만, 농사를 짓는 일도 농산물을 저장하고 운반하는 일도 모두 사람들이 직접 해야 한다.

그러면 이런 일에 종사하는 사람들이 이 일을 기쁨을 가지고 성실하게 할 수 있도록 해야 한다. 조상으로부터 물려받았거나 노력하여 매입한 농토에서 온갖 정성과 힘을 동원하여 지은 농산물로 자신과 가족의 삶을 유지하는 것은 물론, 자녀 교육까지 가능해야 한다. 제값을 제때에 받을 수 있어야 한다. 농사짓는 일을 주식투자 하듯이 투기의 대상으로 삼을 수는 없다. 일정한 농토에 일정한 힘을 들여 일정한 농사를 지으면 일정한 수입이 보장되어야 한다.

필자의 제자 가운데 한 사람은 공부하는 게 좋아서 어렵게 만학을 하고 있는데, 지난해에 1,000평 남짓한 크기의 밭에 무 농사를 계약 재배했다. 그러나 무값이 폭락하자 계약자는 매입을 포기하고 말았다. 할 수 없어진 그 제자는 한 푼이라도 건질 마음으로 70만 원을 받고 모두 인계하고 말았다. 농비도 안 되는 돈이었다.

한 가지 예를 더 든다면, 필자가 가꾸고 있는 텃밭의 원주인인 김 라파

엘 형제는 9,000평의 농장에서 사과, 감, 자두 등 과수를 가꾸어 가족을 부양하다가 최근 들어 사과나무를 모두 베어내고 인근의 친구 회사에 취직하는 선에서 정리하고 말았다. 농사일만으로는 가족을 부양할 수 없고, 농협 빚만 늘어나기 때문이다.

그렇기 때문에 농가 소득을 올리는 일에 급급한 사람들은 가능한 방법들을 다 동원한다. 도시 사람들이 저렴한 농산물을 원하면 비료와 약을 마구 사용하여 그것에 맞는 제품(?)을 생산할 수밖에 없단다. 그렇게 생산한 사과나 쌀을 자신의 가족에게는 먹이지 않기까지 한단다. 안동교구 환경세미나에 갔다가 만난 농부들로부터 들은 얘기다.

오늘날 우리의 농촌에 얼마나 큰 어려움 있는가에 대해서 필자가 이곳에 전부 나열할 수 없고, 그렇게 할 필요도 없으리라. 독자 여러분께서도 이미 상당부분 알고 계실 것이기 때문이다. 하여간 우리는 좀 더 합리적이고 장기적으로 효과를 가져올 정책을 마련하여 농사짓는 분들이 우리 모두의 생명을 생각하고 농사를 지으실 수 있도록 배려하고 보장해 주어야 한다.

농수산부에서 국장으로 근무하고 있는 필자의 한 친구가 지난 20여 년 동안 근무한 과정을 보면, 근무자리를 최소한 10여 차례는 옮긴 것 같다. 그런 상황에서는 전체적인 관리자는 되어도 어느 한 분야를 섭렵한 전문가가 될 수는 없다. 전문가가 멀리 내다보고 전문적으로 정책을 입안하여 지속적으로 시행해 나가도록 배려하는 일도 매우 중요할 것이다.

이런 이야기들을 여기서 전부 나열할 수는 없다. 하여간 농사짓는 일이 신나는 일이 되도록 우리 모두 배려해야 한다. 그렇게 할 때, 농약이 덜 묻은 양질의 먹을거리가 우리 입에 들어오게 될 것이다.

셋
마음 환경

일전에 어느 모임에서 환경대학원에 다닌다는 공무원을 만난 적이 있다. 그는 상수도 수질 정화와 관련된 업무를 주로 하는 사람이었는데, 좀 더 전문적인 지식이 필요하여 인근 대학에서 석사 과정을 공부하고 있다고 했다. 그 날의 만남에서 우리는 서로 의아함을 느끼게 된 일이 있었다.

그가 먼저 신부인 필자가 환경에 대해서 무엇을 할 수 있는가를 물어왔다. 이 질문에 담긴, 자연과학자가 아닌 필자를 무시하는 듯한 그의 무식(?)에 마음이 약간 언짢아지려는 것을 참으며, 자연환경이 이렇게 오염되어 가는 것은 결국 인간의 마음이 오염된 것에서 비롯하므로, 오염된 인간의 마음을 정화하는 것에 필자는 관심을 두고 있다고 대답했다. 이어서 물과 공기, 땅과 같은 자연에 가해진 오염은 환경보호와 관련된 자연과학을 전공한 사람들이 정화를 해나가야 할 일이고, 오염된 인간의 마음을 정화하는 것은 하느님의 사랑을 받아 온 세상을 사랑하려는 신앙의 빛으로 하면 효과가 클 것이라고 말했다.

이 말을 들은 그는 무슨 새로운 사실을 깨닫기라도 한 듯이 놀라는 표정을 지으며 "아, 그렇군요. 그렇게도 생각할 수 있군요. 그런 생각은 한 번도 해 보지 않았습니다"라고 했다. 그의 대답에 좀 의아해진 필자는 속으로 '아니, 이것은 이성이 있는 사람이라면 누구나 생각할 수 있는 기본적인 것인데, 환경과 관련된 일을 하는 공무원이 이런 방향으로는 한 번도 생각해 보지 않았다니, 이렇게도 의식수준이 낮다는 말인가! 이런 수준의 사람들이 환경과 관련된 업무를 맡고 있으니 우리나라의 환경문제가 이렇게 날이 갈수록 나빠지고만 있는 것이 아닌가. 환경문제를 전체적인 안목에서도 바라보고, 구체적인 문제 해결을 위해서도 처리방안을 내놓을 수 있는 전문지식을 갖추고 있어야 하는데, 이건 완전히 장님이 코끼리 더듬기 정도에 머물러 있지 않은가…' 라는 생각을 했다.

그러나 마음속 생각을 그대로 드러내 놓으면 그와의 인간관계가 엉망이 되어 인간환경을 오염시킬 뿐더러, 자연환경을 정화하는 일에 공조하는 데에도 결코 도움이 안 되겠기에, 마음을 가다듬고 그에게 우리 마음의 환경이 중요하다는 사실과 이것을 정화하는 데에 자연친화적으로 살아가는 불교를 비롯한 각 종교의 가르침과, 존재하는 모든 사물과 사람은 하느님의 피조물이므로 보호하고 사랑해야 한다고 가르치는 그리스도교 신앙이 큰 역할을 할 수 있다고 조심스레 설명해 나갔다.

필자의 친절하고 겸손한(?) 태도와 상세한 설명에 그가 서서히 다가오는 느낌이 들었다. 그래서 그날 저녁 처음 만난 우리 두 사람은 쉽게 가까워질 수 있었다. 환경을 지켜나가는 일이 매우 중요하고, 이러한 일에 조금이나마 일조를 할 수 있는 우리의 처지에 대해 자부심을 가질 수 있다는 것을 내심 확인하면서 그와 나는 서로의 인간환경을 좋게 다듬어 갔던 것이다.

저 멀리서 아득하게 들려오는 동네 개 짖는 소리, 밤새 소리, 자신의 존재를 온몸으로 알리는 풀벌레 소리들을 반주 삼아 짙어가는 어둠 속에 밝게 빛나는 달과 별을 바라보며 사제관으로 돌아온 후, 내 마음의 환경은 과연 어떠한가에 대해 오랫동안 생각해 보았다.

환경과 나

우리의 국토, 공기, 물이 점점 오염되고, 농약과 방부제에 오염되지 않은 안심하고 먹을 수 있는 먹을거리를 찾는 일이 점점 더 힘들어지고, 이러한 현상에 대한 걱정이 커져 가도 나는 여기에 이렇게 살아 있다. 미국에서 테러가 일어나 온 세상이 떠들썩하게 전쟁에 휘몰려가고, 국내 정치가 불안정해도 나는 여기 이렇게 살아 있다.

환경문제에 대해 진단하고 걱정하는 말을 하는 것은 이 시각, 여기 이곳에, 이렇게 살아 있는 나와 너의 삶을 위하자는 것이지, 그렇지 않아도 주체하기 힘들 정도로 넘치는 걱정거리들에 공연히 걱정거리를 더 보태거나 엄포를 주어 불안하게 하려는 것이 아니다. 그런데 적지 않은 사람들이 환경을 걱정하는 소리들을 반복해서 들으면서 식상해하고 듣기 싫어하고 있는 듯한 느낌이 든다. 이를 두고 그들만의 잘못이라고 나무랄 수도 없는 형편이다.

환경문제가 심각한 것은 사실이지만, 심각한 현상을 지적하고 염려하는 것 못지않게, 우리는 오늘 이 순간에 존재하는 기쁨과 삶의 의미를 인식하는 데에도 관심을 두어야 하겠다. 환경문제를 언급하는 말들이 환경을 개선해 나가는 데에 도움이 되어야 하는데, 때로는 또 하나의 환경오염원이 될 수도 있는 상태에 이르렀기에 이런 생각도 하게 된다.

어떤 사람과 단체는 환경문제를 지적하는 것으로 권위와 힘을 얻으려는 속셈을 갖고 있는 게 아닌지 의심스러운 경우도 간혹 있다. 지금까지의 환경운동이 문제의 지적과 그 개선에 주력해 왔고, 이는 환경을 지키는 일과 시민을 계몽하는 데에 큰 역할을 해왔다. 그런데 필자는 그 일도 지속해 나가야 할 일이지만, 그에 못지않게 진지하게 생각해야 하는 것은 환경이 오염되고 있음에도 불구하고 우리의 삶이 지속되고 있는 현상에 대해서다.

내가 여기 이렇게 살아 있는 것은 이러저러한 부정적 현상들에도 불구하고 이 세상에 긍정적인 요소들이 훨씬 더 많기 때문이다. 미국의 무역센터와 펜타곤에서 죽어간 수천 명의 목숨이 아까운 것은, 여기 이렇게 살아 있는 나의 목숨이 소중하기 때문이고, 이것을 누군가가 파괴하지만 않는다면 지구환경이 지속해서 살려줄 것이기 때문이다.

내가 여기에 이렇게 살아 있는 현상에 대해 먼저 감사하게 생각해야 하겠다. 내 목숨이 유지되고 있는 것은 결코 지극히 당연한 일이 아니다. 많은 요소들이 어우러져서 나의 이 한 목숨이 지금 여기 이렇게 유지되고 있는 것이다. 공기, 물, 음식물, 땅, 건물, 법, 사회질서, 상호간의 신뢰와 같은 많은 요소들이 지금 이 순간에도 건강한 모습으로 지탱하고 있기 때문이다.

내가 이렇게 살아 있음에 대해 감사하고 나를 소중하게 대하는 것, 이것이 환경을 지켜 가는 첫걸음이자 가장 중요한 요소 중 하나다. 내가 이렇게 살아 있음에 대해 감사하기 위해서도 내가 먼저 확실하게 살아 있어야 하겠다. 우리 한번 점검해 보자. 내가 이 순간 이곳에 확실하게 살아 있는가를!

생활을 정비하고 마음을 비워 단순하게 살아가는 것, 욕심에서 벗어나 자유롭게 되는 것, 정당한 노동의 대가로 삶을 꾸려나가 누구에게 속박되지 않는 것, 이런 것들이 나를 이 순간 이곳에 확실하게 살아 있게 하는 요소다.

변화와 나

오늘날 우리는 급변하는 시대에 살고 있다. 급한 변화는 세계와 나라 안에서, 학교와 가정 안에서, 심지어 내 안에서도 일어나고 있다. 변화하는 것도 매우 다양하다. 거리를 오가는 사람들의 헤어스타일과 옷차림새, 자세와 생각이 변하고, 학교 제도와 정치적 상황이 변하고, 권세 있는 사람의 말이 조석으로 변하고, 결정한 어떤 정책이 제대로 시행되기도 전에 또 변한다. 마치 날씨가 시시때때로 변하듯이 모든 것이 변해간다. 이들이 앞으로 또 어떻게 변해 갈지 알 수 없지만, 모든 것이 변해 갈 것은 틀림없다.

그러나 우리는 알고 있다. 아무리 변해도 변할 수 없는 것이 있다는 것을! 세상이 아무리 변하고 우리의 가치관과 제도가 아무리 변해도 변할 수 없는 것이 있다. 우리는 맑은 물 대신 오염된 물이나 석유를 마시며 살아갈 수 없고, 서로에 대한 믿음과 사랑 대신 의심과 미움만으로 살아갈 수 없다. 내 몸과 마음속에 내가 있다는 것, 그 깊은 속에는 그 누구도 침범할 수 없는 하느님이 주신 고유한 품위와 가치 그리고 나만의 공간이 있다는 것은 변할 수 없다.

외부 환경이 아무리 변해가도, 내 마음이 하루에 열두 번을 더 바뀌어도, 내가 나로서 여기에 이렇게 존재하고 있는 것은 변하지 않는다. 나는 이 세상에 이렇게 살아 있다.

> 변화야, 정신을 어지럽히는 변화야,
> 오고 싶은 대로 오려무나.
> 나에겐 네가 침범할 수 없는 영역이 있다.
> 유행하는 옷아, 노래야, 사랑아,
> 변하고 싶은 대로 변하거라.

나에겐 변하지 않는 노래가 있고, 사랑이 있다.

정치야, 제도야,

바뀌고 싶은 대로 바뀌거라.

나에겐 변하지 않는 정치와 제도가 있다.

가치관아, 예절아,

너도 변하고 싶거들랑 변하거라.

네 마음대로 변하려무나.

나에겐 변하지 않는 가치관과 예절이 있다.

권력과 돈 있는 사람들아,

행세를 하고 싶은 대로 해보거라.

나에겐 자네들이 결코 침범할 수 없는 나만의 공간이 있다.

컴퓨터야, 기술문명아,

발전하고 싶은 대로 발전해 보려무나.

나의 몸과 마음은 슈퍼컴퓨터 백만 대도 못 당할 능력이 있다.

그 누구도 침범할 수 없고 가치를 떨어뜨릴 수 없는 나만의 공간을 잘 지켜 가는 것이 하느님께서 나에게 주신 중요한 과제 중 하나다. 이것은 밖으로 힘차게 외치는 구호나 화려한 몸짓과 성취로 지킬 수 있는 것이 아니다. 이것은 바로 우리가 온갖 실패와 약점에도 불구하고 우리 자신을 인정하고 아끼며 사랑하고 성실할 때 지킬 수 있는 것이다. 하느님께서 이미 지켜 주고 계신다.

언어의 요리와 감동
필자는 이제까지 여러 가지 많은 말들을 해왔고 앞으로도 계속 하겠지만, 필자가 하고자 하는 말의 핵심은 우리의 자연환경이 오염되고 있는 것은 사람들의 마음이 오염된 것에 근본원인이 있으므로 우리의 마음을 다스려 나가자고 제의하는 것이다. 필자는 이 말을 전달하기 위해, 독자들이 이 말을 즐겨 읽고 구체적인 실천으로 나아가도록 하기 위해, 언어를 영양이 풍부하고 맛있게 요리하려 노력할 것이다. 이것은 마치 요리사가 손님들이 좋아하는 맛있는 요리를 만들어 내놓기 위해 애를 쓰는 것과도 같은 일일 것이다.

그러나 오늘날 수많은 정보와 홍보의 홍수 속에 살아가고 있는 우리가 감동적인 글을 만나 기뻐하는 경우가 있다 하더라도 그것을 얼마나 오래 가슴에 간직하고 살아갈 것인지는 알 수 없는 일이다. 수많은 정보와 홍보들이 끊임없이 눈과 귀를 통해 우리의 뇌를 파고들기 때문이다.

이것은 글을 쓰는 사람에게도 마찬가지다. 좋은 내용을 담은 좋은 글을 쓰려고 노력하지만, 그리고 때로는 스스로도 감동할 정도의 글이 써지기도 하지만(?), 흐르는 세월 속에 자신의 글을 제대로 기억하지 못하는 경우가 허다하다. 세월이 흐르면서 필자 자신도 잘 기억하지 못하고 마는 글을 다른 사람이 읽고 오래 기억하면서 실천에 옮겨 주기를 바라는 것은 어쩌면 과욕인지도 모르겠다.

본당신부로 일하는 동안에 이와 비슷한 경험을 한 적이 있다. 어줍은 말주변이지만 매번 성심껏 준비하고 강론을 하는데, 달이 가고 해가 바뀌어도 교우들의 삶에는 변화가 없었다. 그에 당혹하고 불만스러웠던 것은 물론이었다. 그런데 곰곰이 생각해 보니, 그런 강론을 한 본인의 삶에도 별로 변화가 없는 것을 솔직히 인정하지 않을 수 없었다.

그렇다면 그것은 무엇인가. 언어를 가지고 말장난을 하여 또 하나의 공해를 불러일으킨 것에 지나지 않은 것 아닌가. 실로 당혹스럽지 않을 수 없는 일이다. 필자와 같은 사람은 독자들에게 글을 통해 봉사를 하고 있는데, 그 글이 감동을 불러일으켜 실천으로 유도하는 글이 아니고 그저

지면을 채우는 것에 지나지 않는 글에 머문다면, 이보다 더 자신의 존재 가치를 허망하게 하는 일도 없을 것이다.

강론을 하고 글을 쓰는 일도 상당한 시간과 에너지를 투자해야 하는 일이다. 그러한 작업이 또 하나의 환경오염원이 된다면, 일찌감치 그만두고 다른 실질적인 일을 찾아볼 일이다.

그러나 간간이 전해오는 반응을 보면 그 수가 정확히 얼마나 되는지 파악할 수는 없지만, 개중에는 영향을 받아 마음의 양식으로 삼는 교우와 독자들이 있는 것 같다. 그러하기 때문에 이 작업을 계속해 나갈 수 있는 이유와 힘을 갖게 된다.

앞에서도 이미 언급했지만, 독자 여러분께 드리고자 하는 말의 핵심은 환경이 오염되지 않도록 지켜나가 우리의 삶이 지속되도록 하자는 것이다. 앞으로 계속해서 드리는 말들은 그것이 어떻게 전개되어 가든 결국 이 내용을 전달하면서 실천을 유도하기 위한 것이다. 말의 요리가 잘 되어 환경을 오염시키는 말에 머물지 않고 감동을 불러일으키는 말이 되어야 할 텐데….

늘 하는 일이면서도 언제나 힘에 겹다. 이러한 상황을 견디어 내는 것도 독자 여러분과 이 사회에 대한 사랑의 실천이 되리라고 믿어본다. 착각이 아니기를 기대하면서….

조급함

오늘날 우리의 마음을 지배하고 있는 요소들 중 하나가 조급함과 서두름이다. 오늘날의 사회는 우리로 하여금 끊임없이 바삐 움직이게 한다. 도처에서 사람들로 하여금 경쟁을 일삼도록 하여 부산히 움직이고 일하게 한다. 그래서 요즈음은 어린아이부터 할아버지에 이르기까지 바쁘지 않은 사람이 없다.

동무들과 뛰놀면서 여유 있게 지내야 하는 어린이들도 유치원이나 학교에서 집으로 오자마자 다시 무언가를 배우러 학원이나 도장으로 바삐 나가야만 한다. 집에서 할머니나 할아버지로부터 옛날이야기를 들으며 꿈을 키워 가야 할 아이들이 일찍부터 조급한 사회 속으로 빠져들고 있다.

이러한 것은 대부분의 노인들도 마찬가지다. 이러저러한 많은 모임들로 모두들 바쁘다고 한다. 집안에서 무료하게 지내는 것보다 나을지는 모르지만, 여유를 갖는 것보다 낫다고 할 수도 없다.

인류는 풍요한 사회를 만들어 편안하고 여유 있는 삶을 살아가고자 기술문명을 발전시켜왔다. 그러나 기술문명이 발전할수록 마음은 더욱 조급하고 각박해지고 있다. 편리한 기술문명을 익히고 그 혜택을 누리기 위해서도 부지런히 움직여야 한다. 삶의 편리와 시간을 확보하기 위해 자동차를 타고 다니는데, 그 자동차를 소유하고 운영할 수 있는 물질적 여유를 갖기 위해서도 자동차를 타고 부산히 움직이며 사회활동을 해야 한다.

넘쳐나는 정보와 홍보를 소화하기 위해서도 언제나 바쁘다. 필자와 같이 대학에서 대부분의 시간을 책과 더불어 살아가는 사람도 언제나 시간부족에 시달린다. 늘 책을 보는데도 책에게 진다. 볼 수 있는 책보다 출판되어 나오는 책의 수가 훨씬 더 많고, 읽고 처리해야 하는 업무와 과제들이 넘쳐나기 때문이다.

텔레비전의 뉴스와 신문을 안 볼 수도 없고, 꼬박꼬박 보기에는 시간이 너무 많이 할애된다. 게다가 정기구독을 하는 십여 종류의 학술지와 문화잡지들을 자세히 보기에는 역부족이다. 어떤 경우에는 포장지를 채 뜯기도 전에 다음호가 배달되어 온다.

수많은 모임과 회의 그리고 개인적인 약속들도 우리로 하여금 끊임없이 바쁘고 조급하게 한다. 이렇게 하여 현대를 살아가는 우리는 끊임없이 조급하고 안절부절못하는 상황 속으로 빠져든다. 조급하게 서두를수록 시간은 더 빨리 흐르고, 일은 더욱더 복잡해져만 간다. 이게 아닌데 하면서도 여기서 벗어나기는 대단히 어렵다. 본래 우리가 살아가도록 주어진 삶은 이런 것이 분명 아닐 텐데, 우리의 삶은 점점 더 바쁨의 수렁으로 빠져들고 있다. 이러한 상황에서 벗어나 마음의 여유를 갖고 차분히 제대로 살아갈 수 있는 길은 참으로 없는 것인가.

그 길은 바로 삶을 단순화하는 것이라 생각된다. 일과 모임을 줄이고, 소비하는 물건을 줄여서 단순하고 소박한 삶으로 나아가는 것이 여유와 풍요함을 가질 수 있는 삶일 것이다.

소박한 마음, 단순한 삶

인류는 안전하고 풍요한 삶을 살아가기 위해 많은 노력을 해왔다. 그 결과 선진국에서 살아가는 현대인들은 오늘날 대단한 문명을 구축하여 그 속에서 살아가고 있다. 이들은 문명의 이기를 누리면서 100년 전의 사람들보다 물질을 4배나 많이 소비하고 있다. 평범한 현대인 한 사람이 누리는 물질적 혜택 중에는 과거 어느 한 나라의 국왕이 누리던 것보다 더 풍요한 것이 많다. 그런데 이러한 물질적 풍요 속에서도 현대인들의 마음은 더욱더 공허하고 빈곤하기 일쑤다.

이러한 현대병을 치유할 수 있는 길이 바로 소박한 마음과 단순한 삶이다. 마음이 소박하여 삶이 단순하면, 소박한 물질적인 조건과 소박한 인간관계 속에서도 여유와 풍요를 누릴 수 있다. 이것은 실제로 이러한 삶을 살아 보아야 알게 되는 것이다. 말과 사상으로는 제대로 전달될 수 없는 것이다. 그럼에도 불구하고 이러한 것에 대해 글로 전달해야 하는 입장이어서 글로 전달해 보려고 시도하고 있다.

소박한 마음, 단순한 삶은 우리로 하여금 이 순간에, 이곳에 있을 수 있게 한다. 그래서 과거나 미래로 도피하거나 환상에 빠져들지 않게 하여 삶을 제대로 살아갈 수 있게 한다. 이 순간, 이곳에 있는 사람이 삶을 제대로 살아가는 것이다. 과거는 이미 흘러갔고, 미래는 아직 오지 않은 머릿속에 잠재한 관념에 지나지 않는 것이다.

소박한 마음, 단순한 삶은 사물과 사람을 있는 그대로 바라볼 수 있게 한다. 그래서 사물과 사람을 제대로 만나게 한다. 욕심에 가득 찬 마음, 복잡한 마음은 사물과 사람을 자신이 원하는 대로 바라보기 때문에 현실이 아닌 왜곡된 세상을 만들어 낸다. 그의 삶은 그가 그려낸 환상에 지나지 않는 것이다. 그러나 소박한 마음, 단순한 삶은 외계의 사물과 사람을 왜곡하지 않고 있는 그대로 바라보고 만나므로 사물과 사람의 정체를 보게 된다. 그렇기 때문에 그는 사물과 사람이 지닌 가치를 알아내 있는 그대로 인정하고 소중하게 대한다.

소박한 마음, 단순한 삶은 자신도 있는 그대로 인정하고 받아들이기에 편안하다. 그는 자신에게 끊임없이 무엇인가를 요구하여 자신을 조급하게 하거나 불편하게 하지 않는다. 자신의 현실을 있는 그대로 바라보면서 해야 할 일을 묵묵히 실천해 나가기 때문에 서두르지 않지만 하는 일마다 성공해낸다. 순리에 따르기 때문이다. 그래서 조급하고 복잡한 마음보다 훨씬 더 좋은 결과를 낳고 앞서 간다.

소박한 마음, 단순한 삶은 곁에 있는 사물과 사람을 편안하게 한다. 자신이 누리는 평안으로 이웃을 대하기 때문이다. 그의 곁에서는 참으로 평화롭다. 사람들은 그의 곁에 오래 있고 싶어한다. 그는 남을 위하는 일에 특별히 나서지 않는데도 남을 참으로 위하고 있다.

소박한 마음, 단순한 삶은 세상에 존재하는 고통을 고통스러워하지만 불평하거나 피하지 않는다. 그것을 묵묵히 견디어 낸다. 그것은 묵묵히 견뎌야 하는 것이란 사실을 알기 때문이다. 그래서 그는 참으로 강하다. 이 험한 세상에서 자신을 지켜 내기 때문이다. 그는 자신을 지켜 낼 뿐더러, 주변 사물들과 이웃도 지켜낸다.

우리는 마음의 눈을 제대로 열기만 하면 삶을 참으로 살아가게 하는 소박한 마음과 단순한 삶을 도처에서 만날 수 있다.

우리는 이것을 우선 온전히 하느님을 만나고 사랑하기 위해 자신의 모든 것을 포기하고 수도원에서 수도생활을 하는 남녀 수도자들의 자세와 삶에서 만날 수 있다. 성장과정과 살아온 삶의 여정이 다르기에 이들의 삶이 각자 다양하게 구현되고 있더라도, 이들의 마음 깊숙한 곳으로 들어가 보면 그 안에서 소박한 마음과 단순한 삶을 만날 수 있다. 성소를 택한 동기야 각자 다르겠지만, 이들은 한번은 자신의 모든 것을 포기한 순간이 있었고, 그것이 이들 삶의 근간을 이루고 있는 것은 사실이다.

그래서 이들은 각자가 수행해야 하는 일의 종류에 따라 때로는 복잡하고 다양한 삶 속에 빠져들어 있는 것 같이 보일 때가 있기도 하지만, 언제나 다시 소박한 마음과 단순한 삶으로 돌아올 수 있는 사람들이다. 자신에게 주어진 과제를 성취하기 위해 때로는 욕심도 내고 투쟁을 해야 하는 경우에 처하기도 하지만, 그것은 그때뿐이다. 그것이 그들 삶의 본질이 아니기 때문이다. 그러한 상황이 끝나고 나면 언제 그랬느냐는 듯 다시 자신의 자세로 돌아온다.

그래서 이들은 무소유의 삶을 살아가고 있지만 참으로 많은 것을 갖고 있고, 유약하여 무엇을 해낼 수 있을지 의심이 가지만 참으로 강하고 많은 일을 해낸다. 이들은 모든 것을 버림으로써 존재 전체와 일치하고 있고, 자신의 삶에 연연하지 않음으로써 영생을 만나고 있기 때문이다.

이들 곁에 있으면 특별히 받는 것이 없는데도 많은 것을 받아 마음이 풍요로워지는 것을 느끼게 된다. 이들의 존재 자체가 보석이 되어 찬란한 생명의 빛을 비추고 있기 때문이다. 이들의 소박한 언어는 화려한 수식어를 동원한 문장가나 재담가의 말보다 더 아름답고 강력한 메시지를 지니고 있고, 이들의 소박한 자태는 최신 유행 옷과 장신구, 기교가 넘치는 화려한 몸짓으로 무장한 인기 최고의 탤런트보다 훨씬 더 아름답다. 그래서 이들의 곁에 자꾸만 있고 싶어진다. 이들이 자신의 이 소박하고 단순한 삶을 유지하기 위해 이제 나와 헤어져 자신의 방으로 들어가야 하는데도 자꾸만 붙들고 싶다. 속으로는 이게 아닌데 하면서도 어쩔 수가 없다.

우리는 이러한 수도자를 수도원에서만이 아니라 거리에서, 직장에서, 학교에서, 가정에서 심지어 나 안에서도 만날 수 있다.

보통 사람의 차림새로 자신의 갈 길을 걸어가고 있는 이름 모를 저 행인 안에도 이러한 자세가 들어 있을 수 있다. 남편과 아이들을 위해 모든 것을 바치는 우리의 어머니나 자매 그리고 주부의 모습에도 이러한 자세가 들어 있다. 술에 취해 늦게 귀가하여 아내로부터 잔소리를 들을까봐, 아이들이 보고 배워 나쁜 영향을 받을까봐 노심초사하는 남편, 아버지 안에도 이러한 자세가 들어 있다.

정도의 차이가 있을 뿐, 이들 대부분은 어느 정도 소박한 마음, 단순한 삶으로 무장하고 있다. 그러하기에 이들은 오늘을 살아가고 있다. 때로는 욕심 부리고, 어리석은 판단으로 서로 투쟁도 하지만, 비운 마음도 있어 이들은 오늘의 모든 역경을 견디어 내고 고달픈 삶의 무거운 짐을 기꺼이 지고 갈 만큼 강인하다. 우리는 소시민들의 작은 삶 속에 들어 있는 이 위대함을 읽을 수 있는 눈을 가져야겠다. 그래서 잡초처럼 강인한 그들의 삶을 존중하고 함께해야겠다.

절제와 무절제

현대인이 가진 마음의 환경에 큰 자리를 차지하고 있는 것이 무절제다. 대부분의 사람들이 농경생활을 하던 시절에는 절제가 자연스럽게 마음에 큰 자리를 차지하고 있었다. 아무리 많은 욕심을 내도 마음대로 되지 않는다는 것을 자연을 통해서 알고 있었기 때문이다. 먼저 씨를 뿌릴 땅을 잘 준비해야 하고, 씨를 뿌려야 하며, 자라기를 기다려야 할뿐더러, 자라는 동안에도 끊임없이 보살펴야 하고, 마침내 적절한 시기에 수확하여 잘 보관해야 그것을 양식으로 삼아 삶을 꾸려갈 수 있다는 사실을 아는 것이다. 이것은 거부하려야 거부할 수 없는 기정사실이다.

그러나 오늘날의 사람들은 발달시킨 문명의 힘을 동원하여 자연에게 폭행을 가하여 많은 것을 얻으려 하고 있다. 가능한 대로 많은 양의 수확을 가능한 대로 빨리 얻어내려 애를 쓰고 있다. 북을 1분에 60번 움직여 베를 짜던 기계에서는 오가는 북이 눈에 들어와서 베가 짜이는 과정을 관찰할 수 있었다. 한 직공이 맡은 기계가 한두 대에 지나지 않았기 때문에, 기계가 움직이는 과정을 관찰할 수 있었고, 어디에 탈이 나면 그가 직접 바로잡을 수 있었다. 그러나 요즈음 직조기계에서는 북이 1분에 700~800번이나 움직이기 때문에 눈으로 관찰하기도 힘들다. 인간이 도저히 함께할 수 없는 속도다. 이러한 속도로 베를 짜서 많은 돈을 벌어 무절제하게 흥청망청 살아 보고자 하는 것이 현대인의 마음이다.

날로 발달하고 있는 컴퓨터를 통해 많은 정보를 무지하게 빠른 속도로 주고받으면서 많은 만남을 갖고자 하는 것도 현대인의 마음 중 하나다. 필자처럼 컴퓨터를 사용하여 글을 쓰는 사람도 컴퓨터를 처음 사용하던 십여 년 전에는 앞으로 컴퓨터 덕분에 상당한 여유를 누릴 수 있을 것으로 기대했다. 그러나 찾아온 것은 여유가 아니라 끊임없이 바쁘게 하는 더 많은 일이었다. 컴퓨터를 통해 많은 사람을 쉽게 만날 수 있고 많은 일들을 처리해 나갈 수 있지만, 진정한 만남, 참된 작업의 수는 점점 줄어만 가는 것 같다.

우리를 참으로 우리 자신이게 하는 것은 무절제한 성취와 소유, 만남과 소비가 아니라 우리 자신이 참으로 즐길 수 있는 절제된 성취와 소유, 절제된 만남과 소비다. 아무리 많은 것을 성취하고 소유한다 하더라도 내가 참으로 즐길 수 있는 성취와 소유는 그것과 참된 관계를 맺을 수 있는 시간을 필요로 한다. 하루 24시간으로 제한된 시간 속에서 살아갈 수밖에 없는 피조물인 우리가 진정한 관계를 맺을 수 있는 성취와 소유물의 수는 많지 않다. 이것은 만남과 소비에도 마찬가지로 해당된다. 진정한 만남과 소비도 그만큼의 시간과 정성을 필요로 하고, 요청되는 만큼의 시간과 정성을 쏟을 경우에만 그 만남이 참된 만남이 될 수 있다.

아무리 좋은 사람도 급한 마음으로 만나면, 그와 옳은 만남을 가질 수 없다. 무절제하게 해치운 많은 만남을 통해 참된 만남과 기쁨을 가질 수는 없다. 아무리 맛있는 음식도 무절제하고 빠르게 먹으면 탈이 나고 만다.

절제는 우리로 하여금 참된 성취와 소유, 만남과 소비를 하게 한다. 절제는 나의 하루가 24시간이고, 나의 몸은 눈과 귀, 팔과 다리가 각기 두 개이고 입은 하나이며, 두뇌는 한 번에 하나씩 인식하고 즐길 수 있다는 사실을 인정하고 받아들이게 한다. 무절제는 이것을 거부하려 애를 쓰지만 거부할 수 있기는커녕 허망함과 참담함만을 가져올 뿐이다.

내면의 소리와 소음

오늘날 우리 국민의 85%가 도시에서 살아가고 있다. 도시는 우리의 삶에 필요한 많은 요소들을 제공한다. 공장, 학교, 아파트, 관공서, 상점, 편리한 교통과 같은 많은 것들이 도시를 이루고 있고, 그 안에서 우리의 삶이 가능하기 때문에 많은 사람들이 쾌적하고 풍부한 자연이 있는 농촌을 떠나 이곳에서 살아가고 있다. 도시에서 살아가는 대부분의 사람들은 농촌으로 돌아갈 형편이 못 된다. 농촌으로 가보았자 농사를 지어 먹고살

자기 소유의 땅도 없을뿐더러, 농사를 지을 줄도 모른다. 그래서 어쨌든 도시에서 자신의 삶을 꾸려나가야 한다. 여기서 실패하면 삶의 조건이 점점 더 어려워지고 마침내 참담해질 수 있다. 다른 나라로 이민을 간다 해도 그 나라의 도시에서 일거리를 찾아 살아갈 수밖에 없다. 농촌에는 일거리를 찾기가 어려울뿐더러, 그런 일을 할 줄도 모르기 때문이다.

도시가 가진 특성은 여러 가지이지만, 그 중에서도 항상 따라다니는 것은 소음이다. 도시에서는 소음이 언제나, 어디에나 존재한다. 아침에 창을 열면 도로를 달리는 수많은 자동차 소리, 물건을 팔기 위한 소리, 떠들어대는 사람들 소리 등 많은 소리가 물밀듯이 몰려온다. 출근을 하기 위해, 학교에 가기 위해 집을 나서면 더 많은 소리들이 여기저기서 다가온다. 버스를 타도 소리는 여전히 들려온다.

이러한 소리들은 외부에만 존재하는 것이 아니라 내 안에도 존재한다. 나 스스로 이런저런 잡생각을 하여 내 마음을 번잡하게 할 뿐 아니라 이런저런 소리들을 끊임없이 찾아 듣는다. 잠시도 가만히 앉아 고요히 있지 않는다. 틈만 나면 텔레비전, 라디오, 오디오, 비디오, 컴퓨터를 틀어 무엇인가를 보고 듣는다. 심지어 사무실에서 일을 할 때에도 라디오를 틀어놓고 일하는 사람이 많다. 현대인은 무엇인가 소리가 들려와야 안심을 할 수 있는가 보다.

이러한 상황에서는 참된 소리를 듣기가 어렵다. 어느 한 소리에 귀를 기울이기도 힘들다. 이미 소리들에 지쳐 있기 일쑤이고, 들려오는 소리들을 대수롭지 않게 듣는 데에 익숙해 있기 때문이다. 그래서 아무리 좋은 소리라도 귀담아 듣지 못하여 흘려버리고 만다. 현대인이 무엇을 듣거나 보아서 기억하는 시간은 매우 짧다고 한다.

스쳐 지나가는 바람소리를 듣고, 새소리를 듣고, 아이들의 재잘거리는 소리를 듣고 살아 있음을 기뻐하려면, 많은 소리들을 줄여야 한다. 특히 내면의 소리를 들으려면 더욱 그러하다.

우리에게 참으로 필요하고 유익한 소리는 우레와 같이 다가오지 않고 들릴 듯 말 듯 고요하게 다가온다. 그래서 놓치기 쉽다. 유익한 소리를 들으려면 불필요한 잡소리들로부터 좀 떨어져 있어야 하고, 섬세한 마음을 가져야 한다. 특히 내면의 소리를 듣고자 할 경우에는 더욱 그러하다. 엘리야가 호렙산에서 하느님의 음성을 들은 것은 산을 뒤흔들고 바위를 산산조각 내는 크고 강한 바람이나 지진 또는 불길 속에서가 아니라 조용하고 여린 소리 가운데에서였다.

오늘날 도시환경을 벗어나서 살아가기 힘든 상황에 있는 우리는 도시의 소음으로부터 거리를 두는 것이 쉽지 않지만, 노력하면 고요한 시간을 확보하는 것이 불가능하지는 않을 것이다. 더구나 내면의 소리를 듣기 위한 환경은 노력하면 어디에서나, 어느 때에도 조성해 낼 수 있을 것이다. 마음의 문제이기 때문이다.

본능과 생명

아리스토텔레스는 "감각이 있는 곳에 욕구가 있다"고 했다. 식물은 생장혼을 가지고 있어서 뿌리를 땅에 박고 생장할 수 있는 곳을 찾아 살아가려고 무척 애를 쓴다. 이것은 아무리 뽑아내어도 또다시 자라나는 잡초의 끈질긴 삶에서 확인할 수 있다.

동물은 생장혼과 감각혼을 가지고 있어서 식물보다 욕구의 표현이 좀 더 다양하고 강하다. 이들은 자신의 생존을 위해 먹이가 있는 곳이면 어디든 찾아 나서고, 종족번식을 위해서도 많은 수고를 기꺼이 감당한다. 먹이를 찾는 일과 종족을 번식하는 일을 위해 죽음의 위험을 무릅쓰기까지 한다.

오관과 지성을 가진 사람의 욕구는 식물이나 동물의 것보다 더 복잡하고 다양하다. 자신의 생존을 위해 기초가 되는 식욕을 강하게 가지고 있고, 종족번식을 위한 성욕도 강하게 가지고 있으며, 이 둘의 안전을 확보하기 위해 물욕 또한 강하게 지니고 있다. 여기서 더 나아가 배우고자 하는 지적 욕구, 음악, 미술, 연극 등과 같은 문화적 놀이에 대한 욕구, 이웃에게 좋은 일을 하고자 하는 선한 일에 대한 욕구도 가지고 있다. 인간은 이러한 욕구들로 자신의 삶을 가능하게 하고, 이러한 욕구들이 충족될 경우에 생의 의미를 가져 행복을 느낀다.

이러한 욕구들 중에서도 가장 중요한 것은 인간의 욕구들 중에서 가장 낮은 단계로 분류되는 식욕, 성욕, 물욕이다. 이들은 인간의 생존을 위해 없어서는 안 되는 욕구들이기 때문에 본능이라고도 한다. 이들 본능은 인간의 생존에 필수불가결한 요소이기 때문에 이들을 조절하는 기능은 뇌의 가장 깊은 중심부분에 있다. 혹시 뇌가 외부로부터 충격을 받는다 하더라도 이 기능들은 유지되어야 하기 때문에 가장 잘 보호되는 곳에 있는 것이다.

이 본능들은 우리를 삶으로 나아가게 한다. 식욕은 우리의 생명을 유지하게 하고, 성욕은 우리의 삶을 활발하게 하면서 종족을 번식하게 하며, 물욕은 우리가 고요하고 평안한 삶을 확보해 나가도록 한다. 우리 가운데 누구도 이 세 가지 본능 중 어느 하나라도 갖지 않은 사람은 없다. 만약 그런 사람이 있다면 그는 성인聖人으로 분류되어야 할 사람이 아니라 미숙아나 장애인으로 분류되어야 할 것이다. 그의 성장과 삶에 분명히 큰 문제가 있을 것이기 때문이다.

그런데 이렇게 중요한 본능이 또한 우리를 힘들게 하고 불안하게도 한다. 균형을 잃었을 때이다. 지나친 식욕은 우리의 몸을 망칠뿐더러 영혼을 공허하게 한다. 마음이 허전한 것을 먹는 것으로 달래려는 사람은 그럴수록 더욱더 허전함 속으로 빠져든다. 과다한 성욕에 빠져든 사람은 자기 자신과 함께 있지 못한다. 이들은 성욕을 만족시킬 수 있는 대상을 찾아 끊임없이 돌아다닌다. 이런 사람은 오직 자신의 성적 본능의 포로가 되어 참된 사랑을 누리지도 못하고 마음의 평화를 잃고서 헤매게 된다. 지나친 물욕에 사로잡힌 사람은 자신이 이미 소유하고 있는 것조차 누리지 못하고 안절부절못하는 마음으로 부산하게 움직인다. 이들은 무엇을 사기 위해 많은 시간과 수고를 아끼지 않지만, 원하는 것을 사자마자 그것에는 더 이상 관심이 없고 또 새로운 것을 찾아 헤맨다. 오늘날 많은 사람들이 이러한 상태에 있고, 적지 않은 사람들이 자신이 소유한 재산에 오히려 소유당하고 있다.

본능으로 생명을 지키고 키워 가는 일과 본능에 의해 고통당하고 마침내 파멸되어 가는 것은 동전의 양면과도 같은 듯이 보인다. 이 양면을 잘 조절해 내는 사람은 자신의 삶을 참으로 성장시켜 나가고, 이웃에게도 참 평화를 나눌 수 있으리라. 이런 사람을 두고 우리는 성인成人, 더 나아가 성인聖人이라 부르며 존경한다.

명예욕

식욕, 성욕, 소유욕이 육체적 생명의 유지와 연장에 중요한 요소라면, 명예욕은 정신적 생명의 연장에 중요한 요소로서 모든 사람 안에 들어 있는 기본적 욕구 중 하나다. 만약 우리들 중 어느 한 사람이 명예욕을 전혀 가지고 있지 않다면 그의 모습과 태도 그리고 삶의 형태는 어떠할까? 아마도 짐승의 모습과 크게 다르지 않을 것이다. 그는 자신의 명예가 더러워지거나 말거나 상관치 않을 것이기 때문에 수치심을 느끼지 못할 것이고, 어디서나 어느 때나 아무 행동을 마음대로 할 것이다. 개는 자신의 명예에 대해 관심을 두지 않기 때문에 어디서나 아무 때나 본능대로 행동한다.

그러나 사람은 자신의 명예를 존중하고 지켜 가고자 하는 욕구를 천부적으로 지니고 있기 때문에 자신의 판단과 행동을 미리 점검하고 통제한다. 그래서 우리는 몸을 깨끗이 씻고, 단정한 옷을 입으며, 절도 있는 자세로 밖으로 나간다. 명예욕이 없다면, 그러한 수고를 하지 않고 아무렇게나 길에 나서고 아무 행동이나 마구 행하여 인간으로서 품위를 지켜 가지 못할 것이다.

명예욕은 우리를 인간으로서 살아가게 하는 매우 소중한 것이고, 다른 기본 본능과 마찬가지로 우리의 생명을 유지해 나가고 살아가는 데에 필수불가결한 요소다. 그래서 우리는 자신의 명예를 지키는 데에 매우 큰 관심을 두고 있고, 다른 사람의 명예도 존중한다.

그런데 이것도 조화를 이루어야 한다. 자신의 명예를 지나치게 의식하는 사람은 그것에 사로잡혀 자유와 자아를 잃게 된다. 이러한 사람은 남이 나를 어떻게 보는가에 지나치게 관심을 두어 생각과 행동이 밖으로만 떠돈다. 남이 나를 칭찬하면 매우 기뻐하고 우쭐대기조차 하지만, 나에 대해 부정적인 평가를 하면 하늘이 무너지기라도 한 듯이 크게 상처를 받는다. 이런 사람은 자신의 삶을 자신이 원하는 대로 살아가지 못하고, 남의 의견에 따라 이리저리 흔들린다. 그러다가 그는 자신의 참된 명예마저 놓치고 만다.

이런 사람은 또한 쉽게 완벽주의에 빠져들어 자신과 남을 끊임없이 괴롭힌다. 자신의 말과 행동이 완벽하지 않으면 다른 사람들로부터 인정받거나 칭찬을 받지 못하게 될 것이므로, 조금도 틀리지 않고 완벽하게 행하려 하고 주변 사람들에게도 그것을 요구한다. 그렇게 할수록 그는 점점 더 분열의 수렁으로 빠져들게 된다. 우리의 삶에서 그 누구도 완벽하게 살아갈 수 없기 때문이다.

우리는 우리의 명예를 잘 지켜나가야 한다. 그러나 그것을 지나치게 추구하면 자신도 괴롭히고 남도 괴롭히면서 마침내 우스꽝스런 사람으로 전락하고 말게 된다. 우리는 선거 때에 후보로 나온 사람들의 다양한 말과 행동에서도 이런 모습을 보게 된다. 국회의원이나 지방자치단체장 또는 대통령이 되려는 사람은 대체로 자신과 시민의(?) 명예를 매우 존중하려는 사람이다. 그런데 적지 않은 후보들의 우스꽝스런 주장과 행동에서 우리는 그들이 자신의 명예를 높이거나 지키기는커녕 많은 수고를 하면서도 오히려 심하게 추락시키는 것을 본다.

우리의 명예를 잘 지켜나가는 데에는 현명한 판단력과 더불어 자신의 욕구를 통제할 수 있는 강인한 정신력이 요청되고, 어느 한 쪽으로 지나치게 치우치지 않는 팽팽한 긴장을 견디어 나가는 인내력이 요청된다.

불안과 평안

일인당 소득이 연간 2만 달러에 가까운 풍요로운 세상을 살아가고 있는 우리는 1,000달러에도 미치지 못하는 시절을 살아가던 사람들과 별로 다르지 않게 많은 요소들에 의해 자주 불안을 느낀다. 불안을 느끼는 정도와 불안의 종류는 물론 개인에 따라서 많은 차이가 있겠지만, 너나없이 불안으로부터 완전히 해방되지 못한 처지에서 살아가고 있다.

그렇기 때문에 마음의 평안은 매우 그립고 소중한 것이다. 이따금 평안한 순간을 가지게 되면 그것이 그렇게 달콤할 수가 없다. 그래서 오래 지속되기를 바라지만, 나의 뜻과는 달리 어떤 종류이든 하여간 불안이 엄습해 와서 다시 부담을 준다. 어떤 사람은 불안에 시달려 밤잠을 이루지 못하기도 하고, 어떤 사람은 소화가 안 되기도 하며, 어떤 사람은 불안 때문에 지금 하고 있는 일을 제대로 수행해 내지 못한다. 우리가 간절히 원하는 것은 평안인데, 자주 불안이 우리를 사로잡는다.

그런데 불안은 그저 우리를 괴롭히려고만 다가오는 것이 아니다. 불안은 우리에게 무엇인가 전달하고자 하는 메시지를 가지고 있다. 마음이 불안하여 몹시 불편하면, 먼저 그 불안이 우리에게 하고자 하는 말이 무엇인가에 대해 관심을 가질 필요가 있다. 불안의 원인이 무엇인가? 내가 어떻게 하면 이 불안을 극복할 수 있는가?

불안의 원인은 내가 너무 게으르게 생활하여 미래를 위한 희망을 가꾸어 나가지 않는 것일 수 있고, 가족이나 이웃에게 소홀히 했기 때문일 수도 있으며, 남을 속여서 그것이 탄로날까봐 염려하는 것에서 생겨난 것일 수도 있다. 또한 나 자신을 실제보다 너무 높게 생각하여 너무 많은 것을 자신과 이웃에게 요구하고 있는 것일 수도 있다.

불안은 상당한 에너지를 가지고 있기 때문에 자신이 전달하고자 하는 메시지를 알아차리고 해결을 위한 행동을 하지 않을 경우에는 계속해서 신호를 보내온다. 그 신호는 차츰 강해져서 마침내 결국은 행동하도록 한다. 불안은 해결을 위한 행동을 하지 않으려 끝까지 버티는 사람을 병들게 하거나 이 존재의 세계로부터 퇴출시켜 버린다.

고요와 평안은 아무것도 하지 않는 것에 있는 것이 아니라, 무엇인가를 하는 것에서 성취되는 것이다. 갓 태어난 아이는 울어야 숨을 쉴 수 있고 평안을 얻을 수 있다. 우리도 자신이 해야 할 일을 해나갈 때 평안을 누릴 수 있다. 불안은 우리가 평안을 위해 무엇인가를 해야 할 것이 있다는 것을 알려 주는 신호이고, 평안은 이것을 행한 결과이다.

그래서 평안과 불안은 동전의 양면과도 같은 것이다. 불안이 없이는 평안이 존재할 자리가 없고, 평안이 없는 불안만으로는 삶을 살아갈 수 없는 것이다. 불안의 긴장이 지속되면 평안의 달콤함이 그만큼 더 크게 다가온다. 불안이 크면 작은 것에서도 큰 평안을 느낄 수 있다. 평안이 지속되면 작은 것에서도 큰 불안을 느끼게 된다. 우리는 때로 아무것도 불안해할 필요가 없을 정도로 모든 것을 잘 갖추고 있는 사람이 크게 불안해

하는 모습을 보게 된다.

우리의 삶은 평안과 불안으로 점철되어 있다. 우리의 삶 도처에 불안이 끼어 있고, 또한 그에 못지않게 평안이 자리 잡고 있다. 평안과 불안의 팽팽한 긴장감을 견디어 나가는 것이 우리가 수행해야 할 일 중에서도 중요한 일이 아닌가 생각한다.

죄의식

구약성경의 잠언에서는 "평온한 마음은 몸의 생명이고 질투는 뼈의 염증이다"(14장 30절)라고 말하고, 이어서 "'나는 내 마음을 깨끗이 보존하여 죄 없이 결백하다'고 누가 말하랴?"(20장 9절)라고 말한다. 죄가 있는 사람은 뼈가 썩을 정도로 마음이 불편한데, 우리 모두는 이 죄로부터 해방되지 못하고 있다.

죄의식은 우리로 하여금 얼굴을 들 수 없게 하고, 몸과 마음을 움츠러들게 한다. 그래서 우리를 작게 하고 어떤 새로운 일을 하기 위한 힘을 상실하게 한다. 누군가가 우리 안에 들어있는 죄의식을 불러일으키면, 우리의 마음은 불안해지고 용기를 잃게 되며 한없이 작아져 구석으로 숨어들고 싶어진다. 죄의식에 사로잡혀 있는 동안에는 우리가 어떤 새로운 창조적인 일을 시작하거나 용기를 필요로 하는 책임감 있는 일을 행할 힘을 낼 수 없다. 죄의식은 이처럼 상당히 파괴적인 힘을 가진 것이다.

그런데 성경은 우리 중 누구도 이것으로부터 자유로울 수가 없다고 한다. 우리는 가장 거룩한 기도인 미사를 드리면서도 우리가 죄인임을 고백하고 죄의 사함을 요청하는 것으로 시작한다. 그래서 우리는 미사를 드릴 때마다 숙연해지고 몸과 마음을 추슬러 겸손한 자세를 갖게 된다. 이러한 시간이 때로는 우리에게 무겁게 다가오기까지 한다. 매사에 감사하고 기쁘게 살아가야 하는 것이 신앙생활의 중요한 과제인데, 죄의 인정과 용서를 청하는 무거운 의식이 언제나 앞자리에 있다.

융Jung을 비롯한 정신과 의사들의 임상경험에 의하면, 정신과 의사를 찾는 사람들 중에는 열심한 신자들이 제법 있다고 한다. 이들이 정신과 의사의 도움을 받아야 하는 상태에 이른 것은 잠재된 죄의식에 오랫동안 시달린 때문이다. 하느님을 사랑하는 마음에서 완벽하게 살아가려는 노력이 그들을 소심하게 하고 작은 잘못에도 죄의식을 크게 느끼게 한 것이다.

그런데 완벽한 삶을 살아가려는 사람의 마음속에는 교만이 깊이 자리 잡고 있을 수 있다. 완벽하게 살아서 주변의 모든 사람들로부터 칭찬을 받고 앞서고자 하는 욕구가 그를 지배하고 있을 수 있다. 그러나 그는 결코 완벽하게 살아낼 수 없기 때문에 소심해지고 죄의식에 시달리게 되어 마침내 정신과 의사의 도움을 받아야 하는 처지가 되고 마는 것이다.

우리가 스스로 죄인임을 인정하고 하느님께 용서를 청하는 것은 잘못된 생활로부터 벗어나서 올바른 삶으로 나아가기 위함이지 죄의식에 짓눌려 시달리다가 마침내 기운을 잃고 사멸하기 위함이 아니다. 죄의식은 우리를 올바른 길로 나아가도록 자극을 주는 것으로 그 임무를 수행한 것이 된다. 그 이상 우리에게 남아서 우리를 움츠러들게 해서는 안 된다.

우리 자신이 과거에 지은 잘못을 어떻게 처리하고 있는지 진단해 보자. 10년, 20년 전에 행한 잘못 때문에 아직도 죄의식에 사로잡혀 오늘을 어둡게 살아가고 있지나 않은지? 다른 사람이 과거에 지은 잘못을 언제까지나 기억하여 그가 다시 일어나 활발하게 살아가는 데에 방해가 되고 있지나 않은지?

잘못한 것에 대해서는 진심으로 뉘우치고 고백성사를 본 후에는 그것에서 벗어나야 한다. 그래서 용기와 힘을 내어 오늘의 삶을 충실하게 살아가는 것이 현명한 태도다. 과거에 지은 죄에 짓눌려 오늘을 어둡게 살아간다면 그 누구에게도 도움이 되지 않는다. 우리는 잘못에서 벗어나 다시 태어나기 위해 잘못을 인정하고 고백하는 것이지, 그것으로 인해 시달리기 위해 고백하는 것이 아니다. 용서는 하느님께서 우리에게 주시는 가장 큰 선물 중 하나다. 이것을 믿는 것이 우리의 신앙이고, 그래서 신앙은 우리를 살리는 은총의 샘이다.

복수와 용서

지구촌에 살고 있는 대부분의 사람들을 경악하게 한 미국의 테러 사건 이후로 전개되고 있는 과정을 지켜보면서, 우리 모두는 용서한다는 것이 얼마나 어려운 일인가를 실감하고 있다. 용서하는 것으로 문제를 온전히 해결할 수 있는 것이라면 미국의 정부와 국민들은 심리적으로 매우 힘들더라도 그러한 결론에 도달했을지도 모른다. 그러나 착하고 순진한 마음으로 행하는 용서로는 재발에 대한 두려움에서 해방될 수 없기 때문에, 물리적으로 대단히 힘들고 많은 손실과 위험이 따르는 것을 감수하면서도 적에 대한 철저한 복수와 괴멸을 선택하고 있다.

작은 모기에게 물려 가려움증에 시달리는 경우에도 모기를 때려잡아 내 피를 빨아먹은 모기의 형편없이 망가진 모습과 피를 보고 나면 분이 다소 풀린다. 뱀에게 물렸을 경우에도 대체로 가장 먼저 하는 행동이 뱀을 때려죽이는 것이다. 처참하게 죽은 뱀의 사체를 확인하고 나면, 퉁퉁 부어오르는 손이나 발에서 오는 고통을 견디기가 한결 수월해진다.

이것은 사람으로부터 입은 피해의 경우에도 마찬가지로 해당된다. 어떤 사람으로부터 물질적, 육체적, 정신적 피해를 입었을 경우, 그 사람에게 똑같이 또는 그 이상으로 피해를 입히고 나면, 그 피해의 고통을 견디기가 한결 수월해진다. 그래서 구약성경의 세계는 동태복수(同態復讐, 눈에는 눈, 이에는 이로, 즉 '피해를 입힌 모양대로 당해야 한다'는 내용)의 정당성을 얘기하고, 동양에서도 부모의 원수를 갚는 것을 미덕으로 생각해온 것 같다.

그러나 인간의 삶은 그렇게 간단한 것이 아니어서 의도한 것이 전혀 아니거나 실수에 의해 타인에게 피해를 입히는 경우도 많이 있고, 그 행위를 하고 난 뒤 자신의 잘못을 크게 뉘우치고 어떤 형태든 배상을 하려는 마음을 갖는 경우도 있다. 또한 잘못한 사람을 교육하고 다시 생각할 기회를 주어 나를 열정적으로 지지하는 사람으로 만들 수도 있다. 이러한 것을 고려하지 않고 동태복수만을 고집한다면, 복수는 복수를 낳아 우리의 삶이 편안할 날이 없을 것이다. 이 상황에서 우리를 해방하는 것이 용서다.

용서는 상대편이 나에게 가한 피해를 그대로 감수해 나가는 것으로서 물질적, 심리적으로 대단히 어려운 일이다. 피해가 클수록 용서는 그만큼 더 힘들다. 나에게 엄청난 피해를 입힌 사람을 아무것도 따지지 않고 그대로 용서한다는 것은 도저히 불가능한 일로 다가온다. 그냥 용서하고 말면 내 마음이 고통에 짓눌려 병들어갈 것만 같다. 그래서 실컷 욕을 하든가 피해를 입은 만큼 피해를 입히고 나면 속이 시원할 것만 같다. 종교인이나 선량한 사람들은 쉽게 용서를 말하지만, 직접 피해를 입은 당사자에게는 그게 그렇게 쉬운 일이 아니다.

그래서 용서는 자아가 분명하고 강한 사람만이 할 수 있는 것이다. 복수를 할 능력이 없어서 포기하는 것은 진정한 의미의 용서가 아니다. 그것은 기회가 오면 복수를 할 수도 있기 때문이다. 용서는 그러한 피해를 입고도 자신의 정체성을 지켜갈 수 있는 대단히 성숙하고 수련된 사람이 할 수 있다. 우리는 이러한 존재를 예수님 안에서 본다. 예수님은 십자가에 달린 그 처절한 고통 속에서도 당신을 십자가에 처형하던 사람들을 용서하셨다. 이것은 보통 정신력으로 할 수 있는 것이 아니다. 예수님처럼 하느님께 모든 것을 믿음으로 내맡긴 사람만이 할 수 있는 것이다.

그렇게 힘든 것이기에 용서가 낳는 열매는 생명을 살린다. 피해를 입힌 사람에게도, 피해를 입은 사람에게도 생명을 가져온다. 용서의 열매가 얼마나 달고 훌륭한가는 용서해 본 사람만이 안다. 복수가 낳는 시원함은 용서가 불러일으키는 생명과는 비교도 되지 못할 정도로 보잘것없다.

존재와 기쁨

모든 존재 사물은 하느님께서 창조하셨다는 것이 우리가 믿는 신앙의 핵심 중 하나다. 하느님께서 원하셔서 이 세상 만물은 존재하고, 우리도 생명을 부여받아 오늘을 이렇게 살아가고 있다. 그런데 이 시각을 천부적으로 부여된 생명을 살아가는 주체의 입장으로 돌려보면, 지구상에서 살아가고 있는 모든 생명체는 자신이 원해서 이 땅에 태어난 것이 아니다. 태어나 있기 때문에, 살고자 하는 강한 본능이 주어져 있기 때문에 살아가고 있다.

그래서 실존철학자 하이데거는 인간을 비롯한 생명체를 '피투被投된 존재geworfenes Wesen'라고 했다. 그렇다. 우리는 이 땅에 던져진 존재다. 살고 싶거나 말거나 자신의 의사와는 상관없이 살아가야 하는 존재다. 우리는 자신의 존재성에 대해 선택권을 가지고 있지 않다. 그리고 언젠가는 이 세상을 떠나야 하는 존재고, 이 문제에 대해서도 선택권을 가지고 있지 않은 불행한 존재일 수도 있다. 그래서 살아가는 작업은 해도 되고 안 해도 되는 일이 아니라 무조건 해야 하는 지상 최대의 과제다. 존재를 포기하는 일은 쉽지도 않거니와, 그렇게 하면 구원의 반열에서 제외되는, 죄 중에서도 가장 큰 죄이다.

살아가는 일은 때로 대단히 무거운 과제다. 이 과제를 수행해 나가는 데에 음식의 맛을 돋우는 양념처럼 도움을 주는 것이 바로 기쁨이다. 우리는 고달픈 삶 가운데에 쾌락과 기쁨이 간간이 존재하기 때문에 이 삶을 견디어 내고, 때로는 참으로 기뻐하면서 살아가며, 이러한 삶을 영원히 살기를 원하기조차 한다.

아리스토텔레스는 「영혼론」에서 "감각을 가진 존재는 모두 쾌락을 추구한다"라고 했다. 감각은 즐거운 것을 추구하게 되어 있다는 것이다. 감각을 가진 동물들의 삶을 관찰해 보면, 이들이 무척이나 쾌락을 추구하는 이기적 존재임을 금방 알 수 있다. 한마디로 쾌락을 찾아 살아간다고 볼 수 있다. 이들은 쾌락이 없는 것을 결코 추구하지 않는다. 소가 풀을 뜯을 경우에도, 개가 사냥을 할 경우에도 식욕과 관련된 쾌락을 추구한다.

우리 사람도 쾌락을 추구하는 존재고, 쾌락이 있기에 삶을 살아갈 의욕을 내는 것이며, 이것은 우리의 생명 유지를 위해 하느님께서 우리에게 넣어 주신 천부적인 요소로서 정당한 것이다. 여기서 쾌락이라는 단어는 즐거움보다 더 강한 느낌을 주는데, 하여간 우리는 쾌락이 동반되지 않는 것을 크게 좋아하지 않는다. 쾌락이 있는 곳에 우리의 마음이 가며, 이것은 비난받아야 할 태도가 아니라 하느님께서 우리가 생명을 유지하도록 주신 내적 원리에 충실한 것으로서 정당한 것이다.

하여간 우리는 살아가는 데에 쾌락과 기쁨을 필요로 하는 존재다. 쾌락과 기쁨이 없는 삶은 너무나 힘들고 무거울 것이고, 이러한 삶을 살아가야만 한다면, 그것은 너무나 부담스러운 짐이자 속박일 것이다.

그러나 우리 인간은 유일하게 이성을 가진 존재로 동물의 단순한 삶보다는 훨씬 더 복잡한 삶을 살아가고 있기 때문에 추구한 쾌락이 기쁨이 될 수도 있고 고통이 될 수도 있다. 우리가 추구하는 것이 고통이 아니라 기쁨이 되도록 하자면, 경험과 배움을 통한 삶의 지혜가 많이 필요하고, 그 지혜들을 실천에 옮길 수 있는 용기와 자기 조절 능력이 필요하다. 어떻게 하면 우리를 살아가게 하는 기쁨이 다가올 수 있는지 좀 더 생각해 보자.

기쁨을 얻는 길

우리는 쾌락과 기쁨을 좋아한다. 그래서 그것을 추구하고 얻기를 갈망한다. 그런데 우리의 갈망의 대상인 이 기쁨은 어떤 곳에, 어떤 순간에 찾아드는가? 막 태어나 생을 시작하는 아기가 가장 먼저 하는 것은 우는 것이다. 운다는 것은 고통을 겪고 있다는 것을 알리는 행위다. 갓 태어난 아기가 새로 맞이하는 환경이 낯설어서 우는지, 숨이 가빠서 우는지, 자신의 존재를 알리려 우는지 정확히 알 수는 없지만, 그가 기쁨보다는 고통을 먼저 호소하는 것은 사실이다. 그가 기쁨을 먼저 느낀다면 미소부터 지을 것이다.

이 사실과 우리가 그동안 살아온 삶의 여정을 두고 보더라도 기쁨이 먼저 있는 것이 아니라 고통과 슬픔이 먼저 있고, 이것이 해소되는 과정에서 쾌락과 기쁨을 맛보게 되는 것이 사실이다. 배고픔의 고통이 있기에 이것을 해소하는 먹는 과정에 쾌락과 기쁨이 함께하고, 심한 마음고생이 있을 때 그것을 해결해 나가는 과정에 기쁨이 자리 잡는 것이다. 그래서 고통과 슬픔이 없는 기쁨은 없으며, 기쁨만 있고 고통과 슬픔이 없는 경우도 없다. 이 둘은 동전의 양면과 같아서 항상 함께한다.

그래서 이런저런 고통과 슬픔에 시달리고 있는 사람에게 "성경에 말씀하시기를 '주님 안에서 항상 기뻐하시오'라고 했으니, 기뻐해야 합니다"라고 권한다 해서 그가 금방 기뻐할 수 있는 것이 아니다. 그가 기뻐할 수 있도록 그의 고통과 슬픔의 원인을 파악하고 그것을 해소해 나가는 구체적 행동을 취해야 한다.

진정한 기쁨은 기뻐하기로 마음을 먹는 자세만으로 얻어내거나 인위적으로 연출하거나 강요해서 얻어낼 수 있는 것이 아니다. 더군다나 속여서 얻을 수는 더욱 없다. 남을 속일 수는 있어도 기뻐할 주체인 자신을 속일 수는 없기 때문이다. 그가 자신을 속이면서 인위적인 기쁨을 조작해 낸다면, 오래지 않아 정신병원 신세를 면치 못할 것이다.

기쁨은 기뻐할 수 있는 행위를 꾸준히 해 나갈 때 그것의 결과로 따르는 것이다. 어떤 힘든 목표를 설정하여 그 목표의 성취를 위해 꾸준히 노력하여 마침내 성취했을 때 참된 기쁨이 온몸과 마음에 자리 잡는다. 아무런 노력도 하지 않았을 경우에는 목표에 도달하지도 못할뿐더러, 기쁨과는 상당한 거리감을 느끼게 된다.

기쁨은 존재하는 모든 사물과 사건을 있는 그대로 인정하고 받아들일 때, 나의 삶을 주어진 대로 살아가기로 받아들일 때, 내 안에 자리 잡게 된다. 외부에 존재하는 모든 사물과 사건 그리고 삶의 조건들을 못마땅해 하는 동안에는 내 마음에 기쁨이 찾아올 자리가 없다. 기쁨은 나와 주변의 존재를 긍정하는 데서 생겨난다.

기쁨은 또한 자기 자신과 화해했을 때 마음속에 서서히 다가온다. 나 자신이 과거에 살아온 모든 여정들, 그 안에 든 잘못과 상처를 인정하고 용서할 때 참 기쁨을 누릴 수 있게 된다. 자신의 모든 것을 있는 그대로 받아들이고, 자신의 잘못을 용서하고 화해하는 것에서 기쁨을 누릴 수 있는 마음의 공간을 갖게 되는 것이다. 이와 마찬가지로 기쁨은 이웃과 화해하고 그들을 위해 무언가를 했을 때 생긴다. 이웃의 잘못을 용서하고 빚을 탕감해 주는 데서 기쁨을 누릴 수 있다.

이렇게 기쁨은 우리를 살려나가는 데에 함께하는 것으로, 우리를 어렵게 하는 데에는 찾아오지 않는다.

매력과 유혹

매력은 우리가 삶을 살아가는 데에 매우 중요한 요소다. 이 세상에 우리를 매혹하는 존재가 전혀 없다면 우리의 삶이 얼마나 삭막할까? 추운 겨울을 이겨내고 가까이 다가온 봄을 알리며 피는 봄꽃이 아무런 매력을 지니지 않고 있다면, 그 봄꽃을 바라보고 싶은 마음이 일까? 그 꽃을 바라보면서 기쁨을 느낄 수 있을까? 어린아이의 순진한 모습과 미소가 아무런 매력을 지니지 않는다면, 아이를 키우는 부모의 마음이 얼마나 고달프게 될까? 혼인 적령기에 든 아가씨의 자태와 마음씨에 매력이 전혀 없다면, 어떤 젊은이가 나서서 결혼하여 가족을 부양하는 무거운 짐을 짊어지려고 하겠는가? 나 자신이 어느 누구에게도 아무런 매력도 주지 못하는 존재라면, 이 또한 얼마나 큰 슬픔이 되겠는가?

꽃이 자신을 바라보고 기쁨을 느끼게 하는 매력을 지녔기에, 어린아이의 천진난만한 모습이 우리에게 생명의 큰 기쁨을 주기에, 젊은 아가씨의 생기차고 아리따운 모습이 가까이 가고픈 큰 매력을 지녔기에, 우리는 이들을 좋아하고 온갖 수고를 아끼지 않는다. 매력은 우리에게 기쁨을 주고 기꺼이 매혹되게 하며 삶을 생기 있게 살아가게 한다. 그래서 매력은 매우 긍정적이고 좋은 것이다.

존재하는 사물과 사람들은 어떤 형태로든 나름의 매력을 지니고 있다. 자신이 지닌 매력을 자산으로 하여 다른 존재들과 일정한 관계를 맺고 유지해 나간다. 내가 가진 물건, 관계를 맺고 있는 사람과 단체가 가진 매력 덕분에 나는 그들을 아끼고 좋은 관계를 유지하기 위해 온갖 수고를 다한다.

그런데 이 매력은 관계의 위치에 따라 유혹이 될 수 있다. 수많은 진열대에 전시된 좋은 물건들이 내 정신을 혼미하게 하는 유혹의 대상이 될 수 있고, 마음씨 곱고 아리따운 젊은 처녀가 파탄으로 몰아가는 유혹의 원천이 될 수 있으며, 사람들을 굶주림과 빈곤으로부터 해방시켜 살릴 수 있는 소중한 돈이 나를 타락의 나락으로 빠지게 할 수 있다. 어떤 관계에 있느냐에 따라 사람을 살게 하는 매력이 될 수도 있고 사람을 죽게 하는 유혹이 될 수도 있다.

외부에 존재하는 꽃, 좋은 물건, 돈, 아름다운 여인은 그 자체로 선한 것이다. 형이상학에서 '존재는 선'이라고 규정하고 있다. 그러나 그것이 나와 아직 아무런 관계를 형성하지 않고 있는 동안에는 중립적이지만, 나와 어떤 관계를 맺느냐에 따라 나를 살리는 매력을 지닌 존재가 될 수도 있고 나를 죽이는 유혹의 존재가 될 수도 있다.

　외부에 존재하는 사물이나 사람들과 관계를 맺는 주체는 나 자신이다. 모든 것이 내 마음 안에서 일어나는 문제다. 이 지구촌 안에, 우리 주변에 존재하는 수많은 물건과 사람을 내가 어떻게 바라보고 어떻게 생각하느냐에 달린 문제다. 처음 본 물건이나 사람이 강한 유혹으로 다가오는 경우에도 내가 그러한 느낌으로 그 존재와 관계를 시작하는 것에 지나지 않는 경우가 대부분이다.

　내가 주변에 존재하는 것들과 어떤 관계를 맺느냐는 나의 태도와 선택에 달린 문제다. 이들이 지닌 매력에 나 역시 매력적인 반응을 보여 매력적인 관계 속에서 매력적인 삶을 엮어갈 수 있도록 매력적인 생각과 매력적인 선택을 해 나갈 일이다. 그래서 더 이상 유혹에 시달리지 않는 건강하고 아름다운 몸과 마음을 지닌 매력적인 사람이 되어야겠다.

　소유와 의식

　무엇을 소유한다는 것은 참으로 기분 좋은 일이다. 많은 나무가 자라고 있는 산을 소유한다든지, 먹을거리를 생산할 수 있는 논이나 밭, 들어가 살 수 있는 집, 물건을 생산할 수 있는 산업시설, 그것을 내다 팔 수 있는 상점, 이들을 운영하고 생활을 하는 데에 필요한 돈을 소유한다는 것은 생각만 해도 흐뭇하고 든든한 일이다. 그것이 많으면 많을수록 좋다. 이 세상에 사람으로 태어난 이상 나의 삶을 유지하고 증진시켜 나가기 위해 어떤 형태로든 사유재산이 필요하다. 사유재산 제도를 부정하는 공산주의 국가들이 번성하지 못하고 있는 것을 보더라도 이것은 틀림없는 사실이다.

남이 주인인 땅이나 회사에서 급료를 받고 하는 일은 몸만 아니라 마음도 쉽게 피로해져서 일하는 시간이 어서 지나가서 휴식할 수 있는 시간이 오기를 고대하게 된다. 그러나 자신이 소유한 땅이나 집 또는 회사를 위해 하는 일은 오래 견딜 수 있고 신바람이 난다. 내가 주인공이고 하는 일마다 결국 나를 위한 것이기 때문이다.

그래서 대부분의 사람들은 소유하기를 좋아한다. 무엇인가를 소유할 수 있는 기회가 생기면 놓치지 않으려 달려든다. 이는 정상이다. 무엇인가를 소유해야 자신의 삶을 안정되게 꾸려갈 수 있기 때문이다. 살아가는 데에 필요한 것들을 충분히 소유하지 못한 상태에서는 그것을 조달하기 위해 노심초사해야 하고 많은 노동을 해야만 한다. 그 노동의 고달픔을 잘 알기에 사람들은 충분히 소유하려 하고 소유한 것을 잘 관리하려 한다. 그런데 이 세상에 존재하는 땅과 물건들에는 한계가 있고, 사람들의 소유욕은 한이 없는 데서 갈등이 발생한다는 사실을 우리는 잘 알고 있다.

소유한 것이 진가를 발휘하는 때는 나의 삶을 유지하고 증진시키는 일에 그것을 사용하고 소비하는 경우에 한해서다. 소유하고만 있어도 듬직한 것은 소비를 해야 할 경우에 언제나 할 수 있다는 믿음이 있기 때문이다. 그런데 한 사람이 실제로 소비하는 것, 소비할 수 있는 것은 일정한 양에 지나지 않는다. 우리가 매일을 살아가는 데에 가장 필요한 것은 들숨날숨에 필요한 공기 약 15m³, 마실 물 3ℓ, 1.5kg의 음식물과 생필품 약간이다. 이 외에 집과 자동차 등 기초적인 것들이 있으면 살아갈 수 있다.

우리의 생활을 안전하게 유지하기 위해 필요한 기초적인 것들을 확보한 상태에서 그 이상 지니는 것은 기분 좋은 일이지만, 이때부터 문제가 발생하기도 한다. 사회 법적으로는 내가 그것들을 소유하고 있는 것이겠지만 실제로는 그것들도 나를 소유하기 시작한다. 그들을 잘 간수하고 관리하는 일이 그렇게 수월하기만 한 것이 아니기 때문이다. 재산을 많이 가졌다고 해서 내가 실질적으로 더 많은 물건들을 소비하면서 남보다 삶을 몇 배로 더 살아가도록 허용되지는 않는다. 많은 소유물은 삶에 대한 나의 태도에 따라 자연환경과 인간환경에 큰 부담이 될 수도 있다.

아무리 많은 돈을 지니고 있다 하더라도 생명유지에 가장 필요한 공기를 남보다 서너 배 많이 들이마실 수 있는 것이 아니고, 물이나 음식도 마찬가지다. 삶을 살아가기 위한 기본적인 것을 소비하는 요소는 많이 소유한 사람이나 적게 소유한 사람이나 크게 차이가 나지 않는다. 그 이상의 것은 의식의 문제이다. 기초생활이 가능한 정도로만 만족하는 소박한 생활을 통해서도 풍부한 삶을 살아가는 사람이 있는가 하면, 더 많은 소비를 위해 안달하면서도 마음의 빈곤에 시달리는 사람도 많다.

오늘날 국민기초생활을 보장하고 있는 우리나라에서 더 많은 소유를 위해 갖은 노력을 하고 있는 사람들의 수고에 찬사를 보내면서도 허리를 펴고 일어나 무엇을 위해 그 고생을 하는지 다시 생각해 볼 것을 권하고 싶다. 의식을 바르게 가지면 적게 고생하고도 풍부한 삶을 살아갈 수 있으리라. 성인들의 풍요로웠던 삶의 비결은 이러한 것에 있지 않았나 생각된다.

소비와 의식

우리는 살아가기 위해 많은 것들을 소비한다. 살아 있는 생명체는 주변의 환경으로부터 많은 요소들을 받아들여 소비하면서 자신의 삶을 유지해 나간다. 나무를 비롯한 엽록체를 가진 식물들은 소비도 하지만 생산을 더 많이 하기 때문에 지구상의 모든 생명체를 먹여 살리는 생산자 역할을 한다. 동물은 식물이 생산한 것을 바탕으로 자신의 삶을 엮어간다. 일반 동물들은 자신이 필요로 하는 만큼만 소비하고 그 이상은 소유하지도 소비하지도 않는다. 이들에게는 욕심이라는 개념이 없다.

그러나 인간의 소비 형태는 동물의 그것과는 상당히 다르다. 인간은 기초생활에 필요한 것을 소비하는 수준을 넘어서서 문화를 가꾸고 즐기는 것을 위해서도 소비하고, 자신의 신분을 과시하기 위해서도 소비하고, 허전한 마음을 달래기 위해서도 소비한다. 또한 원하거나 의도하지 않았는데도 이웃의 권고나 광고의 유혹에 넘어가서 충동적으로 소비하는 경우도 있다.

현대인이 하루에 접하는 광고의 수는 무려 3,000개나 된다고 한다. 광고 자체는 생산자를 위해서도 소비자를 위해서도 필요한 것이고 중요한 것이다. 광고가 있기에 생산자는 자신이 생산한 좋은 물건을 알려서 판매할 수 있고, 소비자는 자신에게 필요한 물건이 어디 있는지 찾아서 구매할 수 있다. 광고가 없다면 생산자도 소비자도 더 많은 수고를 해야 할 것이다. 그래서 광고는 매우 중요한 역할을 하고 있고 이 사회 안에 비교적 큰 자리를 차지하고 있다. 광고 덕분에 많은 수의 매스미디어 회사들이 생존할 수 있기도 하다.

소비자가 처한 삶의 조건이나 심리를 잘 아는 전문가들이 제작한 세련된 광고들은 강력한 힘으로 소비자들에게 다가가 많은 종류의 물건들을 소비하도록 충동질을 한다. 특히 자아 통제력이 아직 약한 청소년들은 막강한 광고의 힘 앞에 맥없이 항복하고 만다. 이들은 자신의 삶을 독립적으로 살아갈 수 있는 능력을 갖추기 전에 소비하는 것부터 익히면서 자란다.

이런저런 이유로 현대인들은 20세기 초반을 살다간 사람들보다 평균 4배의 물질을 소비하면서 살아간다. 이 소비는 곧장 폐기물 문제로 연결되어 많은 문제들을 연속해서 일으킨다.

우리가 일상을 위해 불가피하게 소비를 해야 하는 것들이 많이 있다. 그러한 소비는 우리를 좀 더 품위 있는 인간이 되게 하고, 많은 사람들의 일자리를 보장해 준다. 그러나 많은 종류의 불필요한 소비는 소비하는 사람으로 하여금 그 물건을 살 수 있는 경제력을 갖추도록 끊임없이 일하게 하고 피곤하게 한다.

소비를 남보다 더 많이 하는 행위가 남보다 더 행복하게 해 주지도 않는다. 나의 행복의 조건을 남보다 더 많이 하는 소비에 둘수록 마음은 더욱더 공허해지기만 할 뿐이다. 분수에 넘치는 줄 알면서도 남의 것보다 더 좋은 옷을 더 자주 갈아입으면서 살아간다 해서 남이 나를 알아 주지도 않거니와, 그것을 위해 많은 수고를 해야 하므로 오히려 고통을 가중시키기만 하는 것으로 끝날 수 있다.

더 많은 소비가 나를 행복하게 하는 것이 아니라, 결국은 내가 어떻게 의식하고 있느냐가 행복의 관건이다. 성실하게 일하면서 검소하게 살아간다면, 미래에 대한 희망으로 몸과 마음이 안정될뿐더러, 소비가 적으므로 물질적으로도 넉넉하게 될 것이다. 그런 줄 알면서도 여전히 강한 소비욕구에 시달리는 것은 나의 인간적 성숙의 문제인 것 같다.

나눔

책값을 포함에서 20만 원으로 한 달을 살아야 했던 가난한 유학시절이었다. 주말에만 가서 보좌신부 역할을 하던 성당에서 주일미사를 드리기 위해 앞좌석에 꿇어앉아 묵상을 하고 있었다. 인기척이 있는 듯하여 옆을 보니 집시소녀가 돈을 달라고 손을 내밀고 있었다. 지갑을 열어 보니 만 원짜리 두 장이 있었다. 당시 만원은 내게 큰돈이었다. 뒤에서 교우들이 다 보고 있는데 그냥 보낼 수도 없어서 큰맘 먹고 하나를 꺼내 주었다. 그러나 그 소녀는 그대로 서서 손을 내밀고 있었다. 하나 남은 것마저 달라는 뜻이었다. 이번에는 뒤에 있는 교우들을 의식할 여유가 없었다. "나도 필요해!" 짧막하지만 충분히 강한 어조에 감을 잡은 눈치 빠른 소녀는 그제야 떠나갔다.

부잣집 맏아들로 태어나 부푼 야망을 키우다가 전쟁 포로로 잡혀 상당 기간 옥살이를 하다가 부자인 아버지 덕에 몸값을 내고 풀려난 프란치스코는 완전히 다른 사람이 되었다. 아버지의 재산을 동네 가난한 사람들에게 나누어 주다가 아버지에게 얻어맞기도 했고, 마침내 아버지의 고발로 주교 앞에서 재판을 받는 처지가 되고 말았다. 그 자리에서 그는 입고 있던 옷마저 아버지께 내어 주고 알몸으로 새 삶을 시작하여 오늘날까지 지구촌의 모든 인류로부터 존경받는 성인이 되었다. 그러나 그의 외적 삶은 고통의 연속이었다. 가진 것을 나누어 줄 줄만 알았던 그는 영양실조와 각종 질병에 시달리며 고생하다가 44세의 나이로 세상을 떠나고 말았다.

프란치스코가 처음부터 그의 아버지처럼 땀 흘려 일을 해야만 먹고살 수 있는 처지였더라도 그 같은 삶을 살았을까? 그것은 알 수 없지만, 하여간 나눈다는 것은 그렇게 쉬운 일이 아니고 간단한 일도 아니다.

힘들여 일해서 벌어들인 것을 남에게 선뜻 내줄 수 있는 사람은 상당히 성숙한 사람이다. 그는 내준 것만큼 다시 땀을 흘려야 한다는 것을 알면서도 그것을 감당할 각오를 한 것이다. 남에게 주는 것을 몹시 좋아하다가 나중에는 자신의 삶마저 곤경에 빠뜨리고 마는 경우도 있다. 그때부터 그는 다른 사람의 나눔에 의지해야만 한다.

남에게 나누어 주는 행위는 우리를 행복하게 한다. 남에게 나누어 주거나 도움을 줄 때 우리의 두뇌 속에서 우리의 기분을 좋게 하고 생명을 활발하게 살리는 좋은 물질이 분비되어 우리를 번성하게 한다. 그러나 나눔도 뒷감당이 어려울 정도로 지나치게 하면 미래에 대한 불안이 찾아온다.

성인들은 믿음으로 모든 것을 하느님께 맡기고 자신의 모든 것을 다 나누어 주었다고 하지만, 일상에서 이러저러한 체험을 한 범부들은 자신과 가족의 앞날에 대한 염려에서 해방될 수 없다.

나눔의 미덕에 대해서 가르치고 권하는 교회마저 교회의 유지와 선교를 위해 적지 않은 재산을 가지고 있고, 나눔의 미덕에 대해 가르치는 순간에도 그것을 몽땅 팔아서 나누어 주지는 않는다. 그렇게 하는 것이 미덕이지만은 않다는 것을 알기 때문이다. 교회의 이러한 태도를 누구도 비난하지 않는다. 국가에서는 오히려 면세로 교회의 재정을 도와준다.

나와 너, 모두 소중한 목숨이다. 이 소중한 목숨을 모두 살리는 나눔에는 세심한 고려와 강한 정신이 필요하다. 어떤 때는 아까워도 내주어야 하고, 어떤 때는 내주고 싶어도 자제해야 한다.

어쩌면 우리가 살아가고 있는 현재의 삶의 형태가 넓게 볼 때에는 가짐과 나눔에 있어서 중용의 미덕을 지키고 있는 삶인지도 모르겠다.

넷
우주 환경

땅과 의식

21세기의 인류인 우리 역시 이 땅에 살고 있다. 인류는 지난 20세기, 16세기, 1세기, 기원전에도 이 땅에 살았고, 처음부터 이 땅에서 살았다. 오래 전의 인류에게도, 최근의 인류에게도 해는 동에서 떠올라 서로 지고, 땅에 산과 들이 있으며, 하늘에 낮에는 해와 구름이, 밤에는 달과 별이 떠 있다. 감각세계에 와 닿는 이 땅의 모습은 그때나 지금이나 시대를 초월하여 언제나 같다.

그런데 이 땅에 대한 인류의 생각은 각 시대마다 조금씩 또는 많이 달랐다. 인류는 특히 코페르니쿠스가 지동설을 주장한 이래로 자신이 살고 있는 세상이 감각세계에 와 닿는 것과는 많이 다르게 생겼다는 것을 알게 되었고, 이 새로운 지식은 단순히 인간의 의식세계를 변화시켰을 뿐만 아니라 구체적인 실생활에도 큰 변화를 가져왔다. 그래서 우리는 이 땅과 우주에 대해 현재와 같은 의식세계를 가지고, 현재와 같은 삶의 모습으로 21세기를 살아가고 있다. 하늘에는 무수한 비행기가 날고 있고 수천 개의 인공위성이 돌고 있으며, 인류는 이제 이들의 도움이 없는 삶을 생각하기조차 어렵게 되었다. 우주에 대한 지식은 날로 증가하고, 이것은 즉시 우리의 의식세계와 구체적인 삶의 형태에 변화를 가져오고 있다.

인류는 현재 우주를 가장 정확하게 관찰할 수 있는 허블 망원경보다 50배 이상 해상도가 높은 망원경을 조만간 만들어 1억 광년 떨어져 있는 별의 혹성에 산소가 존재하는지 관찰하려 하고 있다. 천문학과 이와 관련된 학문이나 산업에 종사하는 사람들은 관측기구들을 통해 상당히 진보된 전문지식을 축적하고, 이들 전문지식은 단순히 인류의 생활을 편리하게 하는 데에만 적용되는 것이 아니라 자의식과 세계관 그리고 신앙생활에까지 큰 영향을 미치고 있다.

오래 전부터 자연환경과 인간환경에 관심을 가져온 필자는 환경문제를 구체적인 현장에 대한 공부와 분석으로 정확하게 진단하고자 하면서, 문제 해결의 실마리를 가톨릭교회가 지니고 있는 풍부한 영성에서 찾는 작업을 해오고 있다. 이 책을 쓰는 이유와 목적도 바로 이 작업의 일환이다. 지금까지 필자는 환경문제의 일반적인 이야기부터 우리가 당면하고 있는 식량문제에 대해 언급했고, 이어서 우리의 내면의 세계로 들어와 마음의 환경에 대해서도 다루었다.

마음의 환경에 대해 할 이야기가 아직 많이 남아 있지만, 독자 여러분께서 혹시 지루해 하지나 않을까 저어하게 되었다. 그래서 분위기를 바꾸어 이제 내면의 세계에서 외면의 세계로, 외면의 세계를 언급하면서도 언제나 내면의 세계와 연관된 글을 구상하고 있다. 집안에서 집안일에 대해 골몰하다가 밖으로 나와 넓게 펼쳐진 자연을 보면 속이 시원해지고, 때로는 집안 문제에 대한 해결의 실마리가 쉽게 떠오르기도 하듯이, 눈을 들어 우리의 시야를 좀 더 넓혀 보면 이 땅에서 발생하고 있는 환경문제를 비롯한 각종 문제들을 해결할 수 있는 확실한 실마리를 발견할 수 있지 않을까 생각되기 때문이다.

　독자 여러분께서 앞으로 전개될 우주의 환경에 대한 필자의 견해에 관심을 가져주신다면 큰 기쁨으로 삼아 이 글을 쓰는 데에 더 많은 정성을 쏟을 수 있을 것 같다.

시간과 공간

　우리가 시간과 공간으로 구성된 우주 안에서 살고 있다는 것은 누구나 아는 상식이다. 시간과 공간에 대해 상식적으로 알고 있는 것만으로도 살아가는 데에 별 지장은 없다. 이것은 아침에 해가 동쪽에서 떠오른다는 정도로 알고 있어도 살아가는 데에 아무런 지장이 없는 것과 마찬가지다. 더 이상 의문을 품지 않아도 되고 더 이상 의문을 품으라고 누가 강요하지도 않는다. 그런데도 의문은 꼬리를 물고 일어나 그 의문을 따라가다 보니, 지구가 자전을 하고 있고 밤과 낮 하루가 있는 것은 그 때문이며, 태양을 중심으로 공전을 하고 1년 사계절이 있는 것은 그 때문이라는 것을 알게 되었다. 그래서 우리의 의식 세계와 일반 세계가 많이 풍부해졌다.

　이제 그런 정도의 의문을 시간과 공간에 던져 보자.

　공간은 무엇인가? 우선 나 자신이 공간적인 존재다. 나를 구성하고 있는 내 몸이 공간적인 존재이고, 나의 오관에 와 닿는 모든 것들이 공간적인 것이다. 눈에 보이는 것, 손에 닿는 것, 소리, 냄새, 맛 모두 공간적인 요소이다. 공간에 대한 상세한 사항은 앞으로 이야기하겠다.

　시간으로 넘어가 보자. 시간이란 무엇인가? 우선 나 자신이 시간적인 존재다. 내가 서기 19xx년 x월 x일에 태어났을 때 그때부터 내 존재는 시작되었다. 그리고 20xx년 x월 x일에 죽기까지 나는 이 땅 위에서 살아갈 것이다. 나 자신은 이 탄생과 죽음 사이의 시간으로 구성되어 있다. 이 시간이란 것은 너무나도 소중한 생명 자체이기 때문에 한 토막 잘라서 그 누구에게 판매하거나 양도할 수 없는 것이다. 공간적인 것 중에는 누군가가 독점하거나 사고팔 수 있는 것이 많지만, 시간은 그렇게 할 수 없다. 그 누구도 시간을 사거나 독점할 수 없다. 자신에게 주어진 대로 살아갈 뿐이다. 물론 임금을 주고 누군가에게 일을 시킬 수는 있다. 그러나 그것은 본질적으로 그의 시간을 내 시간으로 사들였다고 할 수 없는 성질의 것이다.

그래서 시간은 매우 공평한 것이다. 한 제국의 황제에게나 걸인에게나 공평하게 주어져 있는 것이 시간이다. 황제라고 해서 힘없는 평민의 시간을 세금으로 거둬들일 수 없다. 공간적으로는 천하를 다 가진다 하더라도 시간적으로는 주어진 것 외에는 조금도 더 가질 수 없다. 더 가져 보려는 탐욕과 노력이 오히려 수명을 단축시키는 재난이 될 수도 있다. 우리는 그것을 진시황제의 예에서 볼 수 있다.

그 누구도 시간을 사고팔거나 독점할 수 없도록 하여 모두에게 공평하도록 했다는 점에 대해서 우리는 시간과 공간의 창조주이신 하느님께 감사드려야겠다. 더 보탤 수도 없고 누구에게 양도할 수도 없이 나에게 주어진 시간을 참으로 깨어서 살아가고, 고통과 한숨보다는 기쁨과 희망으로 살아가도록 자신의 삶을 자주적으로 엮어 가는 것은 매우 중요하다. 그리고 이것은 남에게 떠넘길 수 없는, 나에게 주어진 지상 최대의 과제다.

시간에 대해 여기까지만 알아도 소중한 삶을 살아가는 데에 큰 도움이 된다. 그런데 우리의 지성은 시간의 정체에 대해 더 알고 싶어 이렇게 더 묻는다. 그렇게 소중한 시간의 본질은 무엇인가?

시간의 정체
아폴로 10호와 17호의 승무원으로서 달 탐험여행을 했던 유진 서넌은 달로 향하던 중에 지구를 전체적으로 본 감동을 다음과 같이 말하고 있다. "지구와 멀어짐에 따라 대륙과 대양이 한눈에 조망되었다가, 마침내 지구의 둥근 윤곽이 보이기 시작한다. 세계가 한눈에 보인다. … 게다가 지구상에서 시간이 흐르고 있는 모습이 보인다. 해 뜨는 지역과 해 지는 지역이 동시에 보이고, 지구가 회전하고 시간이 흘러가는 모습을 관찰할 수 있다."

인간에게 있어서 시간은 지구가 회전하는 것과 크게 연관되어 있다. 지구가 한 바퀴 자전하면서 태양빛이 비쳤다가 비치지 않는 것이 한 번 교차되면 사람은 그것을 하루로 인식한다. 이것을 24등분해서 1시간으로 인식하고, 이것을 60등분하여 1분으로, 1분을 다시 60등분하여 1초로 인식하고 있다. 그런데 아폴로 11호가 달 표면에 머문 시간은 21시간 36분이었고, 17호는 75시간이었다. 지구의 시간으로 계산하면 아폴로 11호는 하루를 채 못 머물렀고 17호는 3일이 넘도록 달 표면에 있었으나, 달의 시간으로 계산하면 둘 다 달의 하루도 머물지 못했다. 자전과 공전주기가 같은 달에서는 하루가 29.5일이기 때문이다.

시간은 누가 어떤 기준으로 보느냐에 따라 각기 다양하다. 날개를 초당 70회 정도 움직이는 벌새의 1초와 한없이 느린 나무늘보의 1초는 많이 다를 것이다. 밤낮 없이 캄캄한 심해에서 살아가는 물고기들의 하루는 햇볕이 잘 드는 근해에서 사는 물고기의 하루와 다를 것이다. 언제나 그 자리에 서 있는 나무의 1년은 이곳저곳 많이 나다니는 동물들의 1년과 다를 것이고, 한해살이풀에게는 1년이란 개념이 매우 낯설지도 모른다. 이처럼 생물의 종種에 따라 시간 감각은 다르다.

같은 종인 사람에게 있어서도 시간에 대한 감각이 나이에 따라 다르고, 그때그때의 상태에 따라 다르다. 이제 겨우 이성이 조금 트인 초등학교 1학년 아이에게 하루는 할아버지의 하루와는 다를 것이다. 어릴 때에는 하루에 한 번만 아침식사를 했는데, 80이 넘고 나니 15분마다 아침식사를 하게 되었다는 어느 할머니의 농담이 농담으로만 들리지 않는다. 그분에게는 그만큼 시간이 빨리 흐르는 것이다. 견디기 힘든 환경에서 고된 일을 하는 사람의 1시간과 무척 보고 싶었던 연인을 만난 사람의 1시간이 결코 같을 수 없다. 같은 사람에게 있어서도 그가 무엇을 하고 있느냐에 따라 매 시간에 대한 주관적 느낌은 많이 다르다.

또한 지구에서의 1년과 화성에서의 1년이 서로 다르고, 목성과 토성에서의 1년은 더욱 다르다. 은하 중심을 축으로 2억 년에 한 바퀴 공전하는 태양에게 있어서의 1년은 어떤 것인지 상상하기가 쉽지 않다. 시간에 대한 우리의 질문은 여기서 끝나지 않는다. 우리는 알고 싶은 것이 대단히 많은 호기심 강한 존재이다.

중력의 세기도 시간의 흐름에 큰 영향을 미친다. 지구 중력의 중심에서 가까울수록 시간은 그 중력의 힘을 강하게 받아 천천히 흐르고 멀수록 빠르게 흐른다. 그래서 같은 지구 안에서도 엄밀한 의미에서는 해발 1m 될까말까한 바닷가에서의 1초와 해발 1,950m인 한라산 정상에서의 1초, 8,848m인 에베레스트산 정상에서의 1초가 미세하지만 조금씩 다르고, 지구궤도를 도는 인공위성에서의 1초는 이들과 더 많이 다르다. 지구의 자전방향과 같은 방향으로 나는 비행기에서의 시계보다 자전방향과 반대 방향으로 나는 비행기에서의 시계가 더 빨리 간다. 중력이 매우 센 태양에서의 1초는 더욱 길 것이다. 물체가 이동하는 속도도 시간에 큰 영향을 미친다. 초속 1m의 속도로 걸어가는 사람에게 있어서의 1초와 초속 10만km의 속도로 이동하는 물체가 있다면 그 물체에게 있어서의 1초는 서로 다르다.

시간은 이렇게 물리적인 상태와 시간을 인식하는 생명체의 종류와 심리적 상태에 따라 각기 다양하게 나타난다. 필자가 이렇게 요약해서 설명하는 내용만으로도 어느 정도 이해가 가능할 것이다. 그런데 근대 철학의 아버지 칸트는 여기서 더 나아가 "시간이라는 것은 내감의 형식, 즉 우리 자신과 우리의 내적 상태를 직관하는 형식 이외에 다른 아무것도 아니다"라고 했다. 시간은 객관적으로 존재하는 어떤 것이 아니고, 인과관계를 파악하여 삶이 가능토록 할 목적으로 인간의 뇌에 들어 있는 하나의 인식의 틀에 지나지 않는 것이다.

현대 물리학계에서는 존재하는 것은 오직 현재뿐이라고 말한다. 과거와 미래라는 것은 인간의 뇌 안에만 존재할 뿐 우주 어디에도 없는 것으로, 인간의 의식 세계에 존재하는 것일 뿐이라고 한다. 인간은 지구가 한 번 자전한 것을 하루로 인식하고, 한 번 공전한 것을 1년으로 인식하여 뇌 속에 일어난 모든 사건을 정리해 둔다는 것이다.

앞으로도 시간에 대한 탐구는 계속될 것이고, 시간에 대한 새로운 해석이 나올 것이다. 그런데 시간에 대한 다양한 견해들에도 불구하고 아침에 동쪽에서 해가 떠오르는 것이 우리의 감각세계에는 기정사실이듯이, 우리에게 있어서 하루는 24시간으로 구성되어 있고 1시간은 60분이며 1분은 60초다. 상식의 세계에서는 이 상식적인 사실을 인정하면서 살아가는 것이 서로의 건강한 삶을 위해서 좋을 것이다.

그러나 일상의 세계를 넘어서서 진리의 세계로 좀 더 깊이 들어가고자 하는 경우에는 시간에 대한 이 다양한 견해를 곰곰이 묵상하는 것도 인생의 본질을 이해하는 데에 크게 도움이 될 것이다. 그러면 하느님께는 천 년도 하루 같고 하루도 천 년 같다는 성서 말씀이 무슨 의미를 담고 있는지 좀 더 깊이 알아들을 수 있게 될 것이다. 또한 인간의 수명에 있어서 시간의 길이에 연연해 하는 것에서 조금 자유로울 수 있을지도 모른다. 이것은 의식의 문제이기 때문이다. 100살을 살아도 죽음의 순간에는 살았던 삶이 결국 찰나에 지나지 않게 인식될 것이다. 의롭게 산 삶은 짧게 살아도 영원을 산 것과 같을 것이다. 우리는 이것을 예수님의 삶에서 보고 있다. 또한 우리가 늘 궁금해하는 죽음 이후의 세계가 어떤 세상인가에 대한 표상을 좀 더 사실에 가깝게 그릴 수 있을지도 모른다.

그럼에도 불구하고 "현재 평균수명이 점점 길어지고 있으니, 앞으로 최소한 90세는 넘도록 살아야 되지 않겠나"라고 생각하는 필자의 심보를 하느님께서는 어떻게 보고 계실까? 과연 그것을 허락해 주실까? 그렇게 살았더라도 막상 죽음이 다가오면 어떤 생각을 하게 될까? 궁금한 것이 한두 가지가 아니다.

현재, 이 순간의 의미

인간은 역사적 존재다. 현대문명은 과거 수천 수만 년 동안의 인류의 경험과 탐구정신의 결과다. 오늘 나의 모습은 선조와 부모님이 물려준 삶의 조건과 내 노력의 결과다. 인간에게 과거는 언제나 따라다녀서 결코 지울 수 없는 그림자와 같은 존재다. 어느 한 국가를 방문하면, 그곳에 그 국민이 살아온 과거의 모든 것이 진열되어 있다. 도로, 다리, 공항, 항만, 건물, 학교, 문화 등 모든 것이 그 국민이 살아온 모습을 반영한다. 어느 한 가정을 방문하면, 집의 정돈 상태, 먹는 음식, 주고받는 대화의 내용 등에 그 가족들이 살아온 삶이 고스란히 들어 있다. 내 안에도 나의 과거가 깊이 각인되어 있다. 나의 의식과 습관적인 행동 양식, 선호하는 음식과 문화, 내 입에서 나오는 말의 단어 하나하나가 모두 나의 지난 삶의 모습을 반영한다.

우리는 우리를 둘러싸고 있는 과거 역사로부터 결코 해방될 수 없다. 그것은 벗어나야 할 존재가 아니라 인정하고 받아들여 그 바탕 위에 나의 삶을 구축해 나가야 할 삶의 토대다. 그래서 "나는 왜 좀 훌륭한 부모 밑에서 태어나지 못했는가" 또는 "나는 왜 이 분단국가에 태어나 이 고생을 하고 있는가"라는 불평을 할 수는 있겠지만, 그것에서 벗어날 수는 없다. 이것은 받아들이고 수용함으로써만 자유로울 수 있는 인간존재의 기본 바탕인 것이다.

그러나 과거는 현재가 아니다. 과거의 자취는 남아 있지만, 과거라는 시간 자체는 없는 존재다. 실제로 존재하는 것은 오직 현재, 이 순간뿐이다. 우리의 기억 속에 과거에 대한 추억과 정보가 아무리 많다 하더라도 그것은 두뇌 속에 잠재된 것일 뿐 현실은 아니다. 아무리 많은 자취를 남겨두었다고 하더라도 과거라는 시간은 이미 흘러가고 없는 것이고 다시는 돌이킬 수 없는 것이다.

앞으로 과학이 아무리 발달한다 하더라도, 공상과학 소설이나 영화에 등장하는 타임머신은 개발되지 않을 것이다. 인간의 삶을 가능하게 하는 가장 기본적인 구성 요소들 중 하나인 인과율이 무너지기 때문이다. 미래에 그런 기계가 개발될 수 있을 것이라면, 현재 이 순간에 그런 기계를 타고 등장한 사람들이 있어야 한다. 왜냐하면 미래에 그런 기계가 등장할 것이라면, 그 기계를 탄 사람이 그에게 있어서 과거 중 하나인 이 시간으로 돌아오고자 할 것이기 때문이다. 현재 그런 기계를 타고 나타나는 사람이 전혀 없는 것은 그런 기계의 개발이 불가능하다는 것을 이미 증명하고 있는 것이다.

우리는 살아가면서 과거의 경험들을 다시 회상해야 할 때가 종종 있다. 오늘의 삶에 대한 지혜를 얻기 위해서다. 그러나 그것이 너무 잦아 과거에 묻혀든다면, 현실의 중압감을 피하려고 한때 화려했던 과거로 도피한다면, 과거에 입은 상처에서 벗어나지 못하고 언제나 그 영향권에서 고통받고 있다면, 과거에 내게 잘못한 사람을 용서하지 못하고 오늘 이 순간을 분노와 원망으로 살고 있다면, 그런 삶은 실제를 살아가는 것이 아니라 없는 허상을 살고 있는 것이라 해도 과언이 아닌 삶이고, 제대로 살지 못하고 있다고 평가해야 하는 수준 낮은 삶이다.

나는 과거나 미래에 살아 있는 것이 아니라 현재, 이 순간에 살아 있다. 이 점에 대해 좀 더 생각해 보자.

예수님을 오랫동안 따라다닌 제자들은 스승을 닮아 용서할 줄도 알게 되었나 보다. 마음을 크게 먹은 어느 제자가 짐짓 자신의 관대한 마음을 알려드리려는 양 "잘못한 사람을 일곱 번 용서하면 되겠습니까?"라는 물음으로 질문 반, 자랑 반의 말을 꺼냈다. 이 말에 예수님께서는 "일흔일곱 번이라도 용서하라"는 말씀으로 훨씬 더 큰 수를 두신다.

용서한다는 것은 더 이상 과거라는 허상에 매이지 않는 것을 의미한다. 용서할 일은 과거에 일어났고, 그 과거는 이미 가고 없으며, 남은 것은 그 과거가 남긴 기억과 상처뿐이다. 어떤 사람에게서 입은 상처가 너무 아프고 억울해서 결코 용서할 수 없어 현재 이 순간에도 마음고생을 심하게 하고 있다면, 그 사람은 과거의 상처에서 벗어나지 못하고 실제인 현실을 계속 놓치고 있는 것이다. 상처를 입고 허상을 살아가는 것이다. 이는 제대로 사는 삶이라 할 수 없다. 용서하지 못하고 원망을 하면 할수록, 복수하려고 분노의 칼을 갈면 갈수록, 더욱더 현재, 이 순간의 본질적인 삶을 잃게 된다.

그래서 예수님께서는 "일흔일곱 번이라도 용서하라"고 하셨다. 용서하여 과거를 과거이게 하고 현재, 이 순간으로 돌아오는 것만이 나를 살리는 길이다. 예수님께서도 억울하게 당한 상처의 아픔이 엄청나게 크다는 것을 알고 계신다. 그래서 그분은 "다시는 죄를 짓지 말라"고 하셨다. 그 상처의 아픔이 너무나 크다는 것을 아시기 때문에 그런 상처로 다시 고생하지 않았으면 하는 연민을 지니셨던 것이다.

우리는 살고자 하고 살아야 한다. 슈바이처 박사는 "나는 살고자 하는 생명체들로 둘러싸인 살고자 하는 존재"라고 했다. 우리 모두는 살아야 하고, 이것은 정당한 것을 넘어선 지상 최대의 과제고 매우 아름다운 일이다. 이 세상에 살아 있는 생명체가 전혀 없다면, 육체적으로 살아 있는 사람은 많지만 정신적으로 참으로 살아 있는 사람이 없다면, 그것은 아마도 큰 재난일 것이다.

참으로 살아 있기 위해서는 현재 이 순간에 있어야 한다. 현재 이 순간에 있는 사람은 과거와 미래 사이의 중립에 있는 것이고, 기억이나 상상속의 허상에 있는 것이 아니라 실재하는 세상 속에 있는 것이며, 과거와 미래와 현재를 드나드는 자유로운 사람이다.

그러나 과거의 상처에 사로잡혀 있거나 현실의 무게를 견디지 못하고 한 때 화려했던 과거로 자꾸만 도피해 들어가는 사람은 허상을 사는 사람이고 자유롭지 못한 사람이며 병든 사람이다. 그런 사람에게는 삶의 무게가 점점 더 무거워질 뿐이다. 그런 사람은 세상에 육체적으로 살아 있기는 하지만 제대로 살아 있는 것이 아니다. 언젠가 한 번은 현실을 직시할 용기를 내야 한다. 미루면 미룰수록 더 큰 용기를 동원해야 할 뿐이다. 어떤 사람은 죽음의 순간까지 이 용기를 미루기도 한다. 그러나 결국 한 번은 용기를 내야 한다. 죽음의 순간에도 용기를 내지 못하면 한 번도 제대로 살지 못한 삶이 되는 것이고, 죽음의 순간에 용기를 내면 너무 늦은 것이 된다.

키도 작고 생긴 것도 그렇고, 사회적 지위라는 것은 꿈도 꾸지 못할 형편에 가진 것은 더더구나 없는, 그래서 자신의 모든 것이 너무도 초라하게 여겨져 자신을 받아들이지 못하고 마음고생을 심하게 하는 사람들을 많이 보아 왔다. 이런 사람들은 일반적으로 남이 자신을 어떻게 평가하느냐에 대단히 민감하고, 혹시나 했는데 역시나 들려오는 부정적인 평가에 큰 상처를 입는다. 그래서 언제나 열등의식에 시달리고 과거나 미래로 쉽게 도망친다.

심한 사람은 과대망상증에 걸려 정신과 치료를 받아야 하기도 한다. 자신이 대단한 부자라고 생각하거나 지위가 매우 높아 누구에게든 명령할 수 있다고 생각하기도 하고, 학식이 뛰어나 여러 외국어를 유창하게 하면서 무엇이든지 알고 있는 사람으로 생각하려고도 든다. 이런 부류의 사람을 치료하는 일은 대단한 인내심을 요구한다. 끊임없이 그의 존재를 인정하는 말과 칭찬하는 말을 해 주어야 하고, 아무리 큰 잘못을 해도 나무라기는커녕 그가 눈치 채지 못하는 사이에 그의 잘못에서 발생한 손실을 복구해야 하기도 한다.

그런데 우리의 교회 역사 안에 있는 수많은 성인聖人 가운데 적지 않은 수가 외적으로는 그 누구 못지않게 초라했었다. 자신의 비참한 처지를 받아들이지 못하여 마음고생을 심하게 하는 사람과 이들 성인의 차이는 크지 않다. 그러나 성인들은 현재, 이 순간의 모든 것을 있는 그대로 받아들이는 자세를 취했고, 마음고생을 심하게 하는 사람은 상황이 나아지면 받아들이겠다는 자세를 취하는 그 차이가 있을 뿐이다.

나의 상태가 어떠하든 용기를 내어 지금 이 순간을 받아들이고 나면, 서서히 의식세계가 밝아오고 몸과 마음의 자유가 다가오며 자신이 매우 부자란 사실을 인식하게 되어 행복해진다. 성인들은 아무것도 가진 것 없이도 풍부한 삶을 살았고, 세상에 그 누구 못지않은 부자로 살았다. 그분들은 이 세상에서 가장 가치 있는 것은 바로 지금 이 순간과 살아 있는 몸과 마음을 가진 나 자신이란 것을 깊이 깨달았기 때문이다. 현재 이 순간이란 존재를 돈이나 그 무엇으로 매입해야 한다면 그 무엇을 얼마나 주어야 가능할 것인가? 이 세상에서의 삶의 주체인 나 자신의 몸과 의식세계를 어떤 대가를 지불하고 매입해야 한다면 그 또한 무엇을 얼마나 지불해야 가능할 일인가? 심장을 돈을 주고 사야만 한다면 그 가치가 얼마이겠는가? 나의 두뇌는 또 얼마나 주어야 살 수 있는 것이겠는가?

이 세상에서 가장 소중한 것은 이미 내 안에 있고, 그것은 현재, 이 순간 안에 있다. 본질적으로 핵심인 이것을 가지면 되었지 또 무엇을 가져야 내가 자긍심을 가질 수 있는가? 이 세상을 살아가는 데에 재산, 직위, 아름다움, 학식 모두 필요한 요소다. 그러나 이것들은 주변적인 것이지 본질적인 것, 주인공은 아니다. 있으면 좋고 없으면 때로 불편할 뿐이다. 그런 주변적인 것이 다소 부족하다는 이유 때문에 자신의 현재, 이 순간을 받아들이지 못하여 마음고생이 심한 사람은 마음고생을 좀 더 해야 정신을 차리게 되지 않을까.

하여간 용기를 내어 현재, 이 순간을 받아들여 보라. 삶에 대한 느낌이 달라지고 마침내 삶이 달라질 것이다. 이것은 스스로 해 보지 않으면 알 수 없는 실천의 문제다.

현재와 미래

우리는 앞날을 위해 많은 걱정을 하고 노심초사한다. 오늘보다 더 나은 내일을 위해 많은 노력을 하고, 미래의 삶을 설계하여 그 노력을 좀 더 효율적으로 해나가려고 애를 쓴다. 이것은 인간의 삶에서 매우 중요한 부분이다. 내일을 생각하지 않고 오늘을 마구 살면 내일이 엉망진창이 될 것은 물론이고, 그것을 짐작하는 오늘 벌써 마음이 편치 않고 불안해진다. 그래서 미래를 매우 합리적으로 계획하여 그 계획대로 살아가도록 노력하는 일은 내일뿐만 아니라 오늘의 삶에도 안정과 평화를 가져온다. 그래서 대부분의 부모와 스승들이 자녀나 제자들에게 미래를 잘 생각하면서 오늘을 살아가도록 권한다. 그래야 오늘보다 더 나은 내일을 기대할 수 있기 때문이다.

그러나 예수님께서는 내일 걱정은 내일 하고 오늘은 오늘 걱정만 하라고 하신다. 내일이 아무리 중요하다 하더라도 내일은 아직 오지 않은 시간이고 현실이 아닌, 아직 머릿속에만 있는 가상의 시간이기 때문이다. 내일을 위해 염려하고 계획할 수는 있을지언정 그 누구도 내일을 앞당겨 오늘로 만들 수는 없다.

미래는 오직 인간의 뇌 속에 존재하는 생각에 지나지 않는 것이기에 결코 현실로 앞당겨질 수 없다. 어떤 사람은 현재의 삶이 무겁다는 이유로, 더 나은 미래가 예상되기에, 사랑하는 사람을 기다리기 때문에, 현재를 벗어나 미래로 나아가는 경우에도 오직 머릿속의 상념으로만 그렇게 하고 있을 뿐이다. 그러한 시간이 결국 오기는 올 것이다. 그러나 현존하는 실제의 시간은 현재, 이 순간뿐이다.

지금 이 순간을 잘 사는 사람은 미래도 잘 살릴 수 있는 사람이다. 왜냐하면 아직 실존하지 않는 미래도 지금 이 순간 안에서 현실화되기 때문이다. 현재, 이 순간에 있지 못하고 좀 더 나은 삶이 예상되는, 좀 더 기쁜 존재를 만날 것으로 예상되는 미래로 쉽게 도망치는 사람은 그 미래가 현재가 되면 다시 그 순간에 있지 못하고 또 다른 미래로 도망칠 가능성이 농후한 사람이다.

그러나 지금 이 순간을 받아들여 이곳에 있는 사람은 자신이 예상한 오늘보다 더 나은 미래가 온다면 그것을 현재화하여 충만한 삶으로 만들어 갈 능력을 가지게 된다. 자신이 예상한 것보다 다소 못한 미래가 온다 해도 크게 실망하지 않고 현재, 이 순간에 허락되어 있는 것으로 만족할 만한 삶을 만들어 간다. 그는 어떤 미래가 현재로 다가와도 그것을 받아들이고 소화할 수 있는 능력을 가지고 있기 때문이다.

교회 안의 수많은 성인들은 이러한 삶을 살았던 사람들이다. 그들은 현재, 이 순간이 아무리 힘들어도 쉽게 미래로 도망치지 않았고, 지금 이 순간이 좋아 여기에 아무리 머물고 싶어도 그것을 붙잡으려 집착하지 않았다. 오는 것을 받아들이고 가는 것을 붙들지 않았다. 그들도 미래를 설계하고 걱정했지만, 몸과 마음은 언제나 현재, 이 순간에 있었다. 그래서 그들은 자유로웠고 풍요로웠으며 죽음이 다가온 순간에도 결코 당황하지 않았다. 언제나 현재, 이 순간을 받아들였기 때문이다.

쉽게 미래로 도망치는 사람은 미래의 저쪽에는 결국 죽음이라는 관문이 도사리고 있다는 것에 대해서는 안중에도 없다. 우리는 태어남이라는 과거와 죽음이라는 미래 사이에서 언제나 현재, 이 순간을 살아갈 뿐이다.

인과율과 불확실성

인과율은 물리학의 세계뿐만 아니라 우리의 일상생활에서도 매우 중요한 원리다. 독일의 W. K. 하이젠베르그가 1927년에 양자역학의 기초를 이루는 불확정성의 원리를 발표하고 난 뒤, 적지 않은 수의 사람들이 "이제 인과율은 통하지 않는 구시대의 원리가 되려나 보다"라고 생각하기도 했다. 그러나 그것은 어디까지나 양자역학의 영역에 해당하는 원리여서, 이것에 의해 인과율이 폐기처분될 수는 없다.

인과율이 무시되는 세상은 인간이 살아갈 수 없는 상태가 되고 말 것이다. 인과율은 원인이 있으면 반드시 결과가 있고, 결과가 있으면 반드시 원인이 있다는 것을 알려 준다. 오늘 내가 우리 집에 살고 있는 것은 과거에 이 집을 지은 것과 그것을 우리 가족이 매입하거나 임대한 것에 원인이 있다. 배가 고플 경우 밥을 먹으면 해결된다. 배가 고픈 원인이 있고 밥을 먹는 과정이 있으며 배가 부른 결과가 있다. 이러한 인과율 덕분에 우리는 과거에 대한 추정과 현재에 대한 납득 그리고 미래에 대한 예측을 할 수 있다. 그래서 삶을 이해하고 설계하며 살아갈 수 있다.

불교에서도 인과율을 매우 중시한다. 원인이 있기 때문에 결과가 있다는 것에 대한 불교도의 믿음은 대단히 크다. 이것을 필자는 「달라이 라마, 예수를 말하다」라는 책에서 깊이 접했다. 인과율은 우리의 삶을 가능하게 하는 매우 소중하고 반드시 존중되어야 하는 법칙이다. 인과율이라는 법칙이 무너진다면 인간의 삶은 대단한 혼란에 빠져들고 말 것이다.

그런데 이 세상 모든 현상이 이 인과율에 의해서만 일어난다면 얼마나 좋을까? 미리 모든 것을 예측할 수 있어서 실수가 거의 없을 것이고, 결과에 대한 원인을 추정하는 것도 한결 수월할 것이다. 이 세상에서 일어나는 모든 현상들이 인과율에 의해서만 일어나지 않는다는 데에 어려움이 있다.

늦가을에 가지를 떠난 낙엽이 어디에 떨어질지 계산하는 것은 쉽지 않은 일이고, 토끼가 언제 어디로 뛸는지를 미리 아는 것은 더 어려운 문제이며, 내 마음이 언제 어떻게 동할지를 아는 것은 더욱더 어려운 문제이고, 내 친구가 손을 펼지 주먹을 쥘지를 아는 것은 대단히 어려운 문제이며, 낯선 사람이 어떤 마음으로 어떤 행동을 할지를 미리 아는 것은 거의 불가능한 일이다.

이 세상에는 인과율 덕분에 미리 예측하고 대비할 수 있는 것도 많지만, 그것이 통하지 않아서 불확실한 것도 대단히 많다. 우리가 겪는 많은 어려움은 바로 이 불확실한 것들로부터 온다. 특히 인간의 이성과 의지 그리고 감정이 개입되는 영역에는 불확실성이 언제나 개입한다. 백화점에서 어떤 물건을 보고 한 사람은 좋아하는데, 그와 가장 가까운 짝은 좋지 않다고 한다. 어떤 사람은 붉은 색을 좋아하고, 어떤 사람은 노란색을 좋아한다. 이것을 어떤 인과율로 설명할 수는 없다. 그렇다는 사실을 그냥 받아들일 수밖에 없다.

그런데 한편으로 이 불확실성 덕분에 우리의 삶이 이렇게 다양하고 풍부한 것이다. 이 세상에 인과율만 통한다면, 그것은 아마도 매우 획일적인 세상이고 너무도 **빡빡**하여 살아볼 만한 세상이 되지 못할 것이다. 불확실성은 우리의 삶을 고통스럽게도 하고, 살아 볼 만한 것으로 만들기도 한다. 삶이 이러한 구조로 되어 있으므로 우리는 이것을 인정하여 불확실한 일이 앞으로도 계속해서 일어날 것을 알고 단단히 마음먹고 살아야 할 것이다.

객관적 세계와 주관적 세계

객관적 세계가 존재한다는 것은 부인할 수 없는 명백한 사실이다. 우선 이것은 나의 존재에서부터 확인하게 된다. 내가 이렇게 있는 것 자체도 객관적 세계의 일부다. 금방이라도 직접 확인할 수 있는 내 몸이 여기에 이렇게 있고, 살아온 삶이 있으며, 희망하는 미래가 있고, 이렇게 사고하는 내가 현재, 이 순간에 두 눈을 뜨고 있다.

그리고 나의 외부에 많은 것들이 객관적으로 존재하고 있다. 산과 들, 하늘과 바다, 도로와 집, 수많은 사람들과 동식물이 엄연히 존재하고 있고, 이들이 있기에 나의 삶 또한 가능하다. 나는 이들로부터 유래했고, 이들과의 끊임없는 교류 속에서 오늘의 나를 유지해 나가고 미래를 희망한다. 이들의 존재를 부인하고는 영육靈肉간의 건강한 삶을 영위할 수 없을뿐더러, 도대체 삶이 진행될 수 없다. 외부에 나 아닌 다른 존재인 객관적 세계가 존재한다는 것을 인정하는 것은 선택사항이 아니라 의무사항이다.

그러나 다른 한편으로 이 객관적 세계의 존재를 인식하고 그것과 관계를 맺어 가는 것은 나 자신이다. 외부에 아무리 많은 객체들이 존재한다 하더라도 내가 오관을 닫고 있으면 그들은 나에게 없는 존재와 마찬가지다. 내가 지금까지 알고 있는 모든 것, 머릿속에 그릴 수 있는 모든 것, 눈앞에 보이는 현재의 모든 것은 나의 주관적 세계가 받아들여 재구성한 나의 세계이기도 하다. 밝은 해가 떠 있는 대낮에 온 천지를 밝게 보고 있는 것은 나 자신이라는 말이다. 앞으로 좀 더 자세하게 언급하게 될 이 엄청난 크기의 우주는 온통 칠흑과 같은 어둠의 세계다. 이 세상 온 천지에서 밝게 빛나는 곳은 저 멀리서 빛을 내는 항성들과 그 빛을 받아 반사하는 지구와 같은 행성이나 위성들의 표면뿐이다. 그것도 나의 두뇌가 눈을 통해 빛을 받아들여 그렇게 인식하고 있을 뿐이다. 맹인은 두 눈이 성한 사람이 보고 있는 세상을 보지 못하고, 개, 소, 새와 같은 짐승들은 종마다 이 세상을 다른 빛으로 인식한다. 식물이 세상을 어떻게 파악하는지 우리는 아직 알지 못하고 있다.

이 점은 소리나 냄새, 맛이나 촉각의 경우에도 마찬가지로 해당된다. 내가 강아지를 쓰다듬을 경우에도 온몸이 털로 가득 덮인 그가 느끼는 내 손길과 내가 그를 느끼는 감촉이 서로 많이 다르다. 유치원에 다니는 아이의 손을 잡고 산책을 하는 경우에도 아이가 내 손을 느끼는 것과 내가 그의 손을 느끼는 것이 서로 많이 다르고, 내가 그를 바라보며 갖는 생각과 그가 나를 바라보며 갖는 생각에는 많은 차이가 있다. 그에게는 세상의 모든 것이 새롭고 신기하며 마주 잡은 어른의 손이 엄청나게 크고 듬직하여 자신을 믿고 맡길 수 있다. 나에게는 그의 생기발랄하고 순진하며 귀여운 모습이 너무나 좋아 계속 잘 자라도록 보호하고 싶은 사랑과 연민의 정이 인다.

이렇게 우리는 객관의 세계를 인정해야 하면서도, 우리 각자가 가진 이 객관의 세계에 대한 생각은 나의 주관의 세계 안에서 재구성된 나만의 세계란 것을 좀 더 깊이 생각해 보아야겠다. 그러면 이 세상에 왜 이렇게 많은 의견 차이와 갈등들이 있는가에 대해 더 잘 이해하게 되고, 그것을 어떻게 풀어나갈 수 있겠는가에 대한 생각을 더욱 정확하고 효율적으로 할 수 있을 것이다.

외부의 객관적 세계가 참으로 어떻게 생겼는가에 대해서 우리는 결코 완전히 알 수 없다. 내가 알고 있고 보고 있는 세상은 모두 나의 오관과 사유를 거친 주관적 세계이다. 개는 개의 안목으로 이 세상을 지각하고, 소는 소대로 그렇게 하며, 모든 동·식물들이 그렇게 하고 있다. 하느님께서는 생물의 각 종마다 고유한 세계를 갖도록 창조하셨고, 같은 종 안의 구성원들은 서로 공감대를 많이 갖도록 하여 의사소통과 공동생활이 가능하도록 하셨다. 그래서 우리는 이 세상에서의 삶을 함께 살아갈 수 있다. 나에게 맛있는 것은 대체로 너에게도 맛있고, 네가 웃는 상황에서는 일반적으로 나도 함께 웃는다. 그래서 우리는 서로 협동도 하고 경쟁도 하면서 이 세상을 더불어 살아가고 있다.

그럼에도 불구하고 내가 알고 있는 세상은 나의 고유한 것이고, 내가 이 세상에 태어난 것이 명백한 것과 마찬가지로 나에게는 이 세상도 그때부터 존재하기 시작했다. 이것은 내가 죽을 때에도 마찬가지일 것이다. 내가 이 세상에서 죽음으로 소멸되는 것이지만, 이 세상 역시 그때 나에게서 소멸될 것이다. 이 거대한 우주 공간과 150억 년이나 된다는 시간 역시 나에게는 나의 주관적 세계에 지나지 않는 것이다.

나는 외부의 객관 세계를 조금씩 더 체험해 가면서 내가 지금까지 알고 있던 세계 이외에도 더 넓은 세계가 있다는 것을 알아 간다. 그만큼 나의 주관적 세계가 커져 가는 것이다. 새로운 곳을 여행할 때마다 이 주관적 세계는 넓어지며, 다양한 종류의 책을 읽거나 정규 또는 비정규 교육을 받을 때마다 깊어져 간다. 여기에 공부의 큰 의미가 있는 것이다. 배우면 배울수록, 책을 보면 볼수록, 여행을 하면 할수록 나의 주관적 세계는 넓어지고 깊어진다.

또한 마음의 문을 열고 외부세계를 받아들이면 받아들일수록 주관적 세계는 풍부하고 깊어져 간다. 마음의 문을 닫아걸고 있는 사람은 보고 또 보아도 아무것도 본 것이 없게 된다. 예수님께서는 제자들에게 비유로 말씀하시는 이유에 대해 설명하시면서 마음을 닫고 있는 바리사이인들은 듣고 또 들어도 보고 또 보아도 알아듣지 못하지만, 마음이 열린 사람은 한 번만 듣고 보아도 금방 알아듣고 자신이 무엇을 어떻게 해야 하는지를 안다고 하셨다.

우리는 나 자신이 누구인가에 대해 궁금해하며 알려고 무척 노력한다. 나는 누구인가? 나를 구성하고 있는 것은 무엇이며, 궁극적으로 나는 어디서 와서 어디로 가는가? 죽음 이후의 세계는 어떠할 것이며, 부활이란 것은 과연 어떤 것인가? 모르는 것이 엄청 많고, 알고 싶은 것이 한두 가지가 아니다. 이 모든 것은 생명의 신비로서 인간의 이성만으로는 그 누구도 아직 완전히 밝혀내지 못했고, 앞으로도 밝힐 수 없을 문제다.

그런데 분명한 것은 나의 마음을 열어두고 있으면, 내가 현재, 이 순간에 있으면, 나의 주관적 세계에 대한 인식은 깊고 넓어진다는 것이다. 마음을 비우고 있는 사람, 마음을 청빈하게 갖는 사람, 마음이 깨끗한 사람은 복되고 하느님을 뵙게 될 것이라는 예수님의 말씀이 무엇을 의미하는지 한 번 더 묵상해 보자. 불교에서 마음을 완전히 비운 사람을 깨달음을 얻은 자로 생각하는 이유에 대해서도 한번 생각해 보자.

현재, 이 순간 나에게는 나의 몸과 인식하는 의식이 있다. 이 몸이 튼튼하도록 관리하면서 의식세계를 열어두면 열어둘수록 나는 더욱 깊어지고 풍부해진다. 온갖 노력들로 지금까지 확보한 모든 지식과 체험 그리고 그 외 모든 것들은 나와 이웃의 삶에 매우 소중한 것이고 존중하여 잘 활용해야 하는 것이지만, 완전한 것이 아니라 아직 과정 중에 있는 것이다. 그것을 움켜쥐고 고집하여, 고정되고 굳어지면서 작아지지 않았으면 좋겠다. 그러면 우리의 삶이 줏대가 있으면서도 유연해져서, 서로 이해하며 갈등을 줄일 수 있어 조금 더 행복해질 수 있을 것이다.

공간의 정체

필자는 비엔나에서 공부할 때 지도교수 신부님이 책임자로 있는 스테파누스 하우스라는 집에서 17명의 신부님들과 함께 생활했다. 매일 아침 함께 미사를 드리고 식사를 하면서 우리는 상당히 친해졌다. 특수 사목을 하는 몇몇 현역 신부님을 제외하고는 대부분이 은퇴하신 연로한 신부님들이어서 마음의 여유가 있었다. 그래서 때로는 깊은 대화를 하기도 했고, 재미있는 유머로 즐거운 시간을 갖기도 했다.

중국은 서양 사람들도 비교적 많은 관심을 보이는 나라여서 당시 가끔 화제의 대상이 되곤 했다. 언젠가 다시 중국이 화제에 올라, 필자가 중국 사람들은 그들 나라를 "온 세상의 중심이라 생각하여 중국이라고 한다"고 설명했다. 그러자 헝가리 출신의 할아버지 신부님께서 "무슨 소리를! 중국이 어째서 세상의 중심이야. 우리 헝가리가 세상의 중심이지!"라고 하셨다. 농담으로 들기에는 신부님의 어조가 진지하고 강했다. 필자는 의외의 말씀에 다소 재미있어 하면서 지구상에서 아주 작은 나라에 속하는 헝가리가 중심이라니 과장이 심하다는 생각이 들었다. 중국은 그런 생각을 가질 만큼 크지 않은가, 뭐 이런 말로 대화를 계속했다. 그 대화는 필자가 아직도 기억할 만큼 인상적이었다. 당시 헝가리는 공산국가였고 그 신부님은 망명하여 외롭게 살고 있던 터라, 조국에 대한 그분의 애정에 나의 연민의 정이 함께했었는지도 모르겠다.

우리가 상식적으로 알고 그 속에서 살아가고 있는 공간에 대해서도 깊이 관찰해 보면 상당히 재미있는 현상들을 발견할 수 있고, 공간에 대한 우리의 생각과 입장이 어떠한가에 대해 더 깊이 이해할 수 있다. 그러면 우리가 좀 더 자유롭고 깊이 있는 삶을 살게 되지 않을까 생각해 본다.

지금 이 순간 나는 나의 공간 안에 있다. 나 자신이 공간적인 존재다. 내 몸을 비롯하여 나를 둘러싸고 있는 모든 것들이 공간적인 존재다. 눈을 들어 하늘을 바라보면 어제와 같이 오늘도 저렇게 넓고 높고 듬직하게 펼쳐져 있고, 저 멀리 산들이 줄지어 서 있으며, 길과 무수한 집들과 사람들이 있고, 이 방에 내가 이렇게 있다. 이들이 마치 언제나 이렇게 있었고 앞으로도 이렇게 있을 신성불가침의 것으로 여겨지기도 한다. 그래서 우리는 이들의 존재를 기정사실로 생각하고 믿고 이들에 맞추어 우리의 삶을 엮어가고 있다. 그리고 이러한 우리의 자세는 건강한 상식에 기초를 둔 것으로서 옳고 계속 유지해야 하는 것이다.

그런데 좀 더 세밀히 관찰해 보면, 언제나 이 모습 이대로 있는 것이 당연하게 생각되는 공간이 상당히 재미있는 존재라는 것을 인식하게 된다. 비록 공간에 대한 우리의 더 깊은 관찰이 공간에 어떠한 변화도 가져올 수 없고 관찰하기 이전이나 이후에도 객관적 결과는 같을지라도, 그 같은 공간에 대한 주관적 자세에는 상당한 변화가 있을 것이다. 호기심과 인내심을 가지고 좀 더 파고들어 보자.

우선 내가 현재 있는 방을 둘러보자. 나에게 이 공간의 모습은 어떠한가? 책상 앞에 앉아 있을 때의 공간과 일어나 서 있을 때의 공간, 그리고 바닥에 누워 있을 때의 공간이 각기 조금씩 다르다. 내가 있는 방에 한 사람이 더 있다면, 그가 보는 공간과 내가 보는 공간은 똑같지 않다. 이제 일어나서 걸어 보자. 공간이 움직이면서 모습이 계속 변한다. 이러한 나를 관찰하는 다른 사람에게 있어서의 공간도 자꾸 변한다.

이제 해가 지고 어둠이 깔려 방안이 깜깜하다고 생각해 보자. 그러면 같은 방에 있어도 낮에 보던 것과 같지 않다. 촛불을 하나 켜 보자. 공간이 갑자기 커 보인다. 촛불을 들고 방안을 이리저리 걸어 보자. 공간이 나를 중심으로 움직이는 것을 볼 수 있을 것이다. 이때 공간의 중심은 촛불을 들고 있는 나 자신이다. 눈을 한번 감아 보자. 공간은 어디 갔는지 없고 어둠 속에서 자의식을 가진 나 자신이 느껴질 것이다.

이제 밖으로 나와 보자. 주변에 공간이 펼쳐져 있다. 길을 따라 걸어 보자. 내 걸음에 따라 공간이 서서히 바뀌어 간다. 차를 타고 달리는 경우의 공간은 또 다르다. 파도를 가르며 달리는 배를 타고 맞이하는 공간 역시 다르다. 비행기를 타고 하늘 높이 올랐을 때의 공간은 많이 다르다. 우주선을 타고 더 멀리 나가 본 사람들의 증언에 의하면 그곳에서의 공간에 대한 느낌은 매우 다르다고 한다. 우선 아래위가 없고 동서남북도 없다. 이는 지상이나 지구 중력권에 있을 때에만 있는 개념이다. 우주에서는 그냥 공간 속에 자신이 있을 뿐이다.

그런데 이렇게 다양한 공간들 안에서 항상 같은 공통점이 하나 있다. 그것은 이 공간들의 중심에 언제나 내가 있다는 것이다. 나는 나의 공간의 중심이고 주인공이다. 내가 어디서 무엇을 하든 나의 공간은 언제나 나를 중심으로 펼쳐진다. 이것은 우주선을 타고 지구의 대기권 밖으로 나가도 마찬가지다. 이것을 체험한 유진 서넌은 다음과 같이 말하고 있다. "우주선 밖으로 나갔을 때 비로소 자신의 눈앞에 우주 전체가 있다는 것을 실감한다. 우주라는 무한한 공간의 한가운데에 자신이라는 존재가 던져져 있다는 느낌이다."

시간이 언제나 현재, 이 순간의 나를 중심으로 과거와 미래로 연결되어 있듯이, 공간 역시 나를 중심으로 이 땅과 우주 안에 펼쳐져 있다. 나를 떠난 공간에 대해 나는 상상은 할 수 있지만 실제로 체험할 수는 없다. 이런 의미에서 공간은 나의 인식과 큰 관련이 있고, 나의 지능, 심리상태, 육체적 건강 상태, 체구의 크기 등과 관련이 있는 존재다. 같은 크기의 집이라도 키가 작은 어린 아이와 큰 어른에게는 각기 다르게 보인다. 같은 거리라도 나의 건강상태가 양호할 때와 나쁠 때 다르게 다가온다.

이런 측면에서도 우리 각자는 자신의 삶의 주인공이다. 다른 사람의 공간을 내가 대신 체험할 수 없고, 그가 나의 공간을 대신 체험할 수도 없다. 내가 가진 공간은 나만의 공간이고, 다른 사람은 그만의 공간을 가지고 있다. 우리 한 사람 한 사람이 다 삶의 주인공이고 매우 소중한 존재다. 그래서 각자는 하나의 소우주이기도 하다. 우리가 공유하는 공간과 인식이 대단히 많기 때문에 서로 이해하고 협력하면서 더불어 살아갈 수 있는 것이다. 우리 서로의 공간과 인식을 인정하고 존중하면서 주어진 삶을 기쁘게 살아가자.

아침에 일어나 화장실에 가서 볼일을 보거나 세수를 하고 나면 그 오폐수는 아래로 흘러가서 처리된다. 이는 당연한 처리과정이다. 그러나 이것이 언제나 통하는 곳은 우주 전체로 볼 때는 지극히 한정된 작은 영역에 지나지 않는 지구 표면에서만의 일이다. 우주선을 타고 지구에서 조금만 벗어나면 상황은 많이 다르다.

물로 세수를 하면 아래로 흐르는 것이 아니라 얼굴 주변에 그대로 흩어져 둥둥 떠다닌다. 대소변도 특수처리를 하지 않을 경우 마찬가지 현상을 일으킨다. 또한 공기 압력이 전혀 없는 그곳에서는 액체의 끓는점이 매우 낮아 우리 체온에서도 체내의 수분이 끓기 때문에 도대체 생존이 불가능하다. 우주인이 우주여행을 하는 동안에도 지상에서의 환경을 연장시킨 우주복을 입지 않으면 단 몇 분도 생명을 유지할 수 없다. 우리가 다른 어느 곳이 아닌 이 땅 위에 이렇게 살고 있는 것에 대해 무척 다행하고 감사하게 생각할 일이다. 우리는 이 땅을 떠나서는 다른 어떤 곳에서도 이 땅에서처럼 편안하고 안전하게 있을 수 없다. 우주복 같은 유지비가 매우 많이 드는 옷을 입어야 겨우 목숨을 유지할 수 있고, 그것을 입고 있는 동안의 불편함이야 이루 말할 수가 없다. 오랫동안 특수 훈련을 받은 사람만이 얼마동안 견뎌낼 수 있는 그런 것이다.

초저녁이나 이른 새벽에 밝게 빛나는 금성을 바라보면 매우 아름답다. 때로 밤하늘 높이 떠 있는 화성이나 목성을 바라보아도 역시 아름답다. 그런데 이들 행성에서 지구는 어떻게 보일까? 지구와 금성의 크기가 거의 비슷하니까 금성에서 지구를 바라보면 여기서 금성을 보는 것과 같을 것이다. 온 우주에 인간이 편안히 살 수 있는 공간은 이 지구가 제공하는 공간뿐이다. 지상에서 바라보는 하늘이 저렇게 높고 커도 실제의 우주 안에서는 사과에서 껍질 정도에 해당하는 지구 표면의 얇은 막에 지나지 않는다. 그 막의 바깥쪽은 깜깜한 암흑천지다. 우주선 미르호가 찍은 지구 표면 자료를 보면 지표면의 밝은 청색 부위는 지구 전체에서 지극히 얇은 막에 지나지 않는다. 그 막에 바로 이어 한없는 검은색이 펼쳐져 있다.

그것을 유진 서년은 이렇게 말하고 있다. "지구 저쪽은 아무것도 없는 암흑천지다. 완전한 암흑이다. 그 어두움, 그 어두움이 가진 깊이를 보지 못한 사람은 절대로 상상할 수 없다. 그 암흑의 깊이는 지구의 어떤 것으로도 재현할 수 없다."

하늘에 떠 있는 금성을 바라보면 밝기는 하지만 매우 작은 그 별을 보며 우리는 아래와 위, 동서남북이라는 개념을 생각하지 않는다. 우리에게 별로 의미가 없기 때문이다. 그러나 구체적인 지상의 세계에서는 이 개념들이 매우 중요한 요소다.

우리는 이 지구의 자식이고 지구적인 존재다. 지구 바깥은 앞에서 소개한 대로 한없는 암흑세계뿐이어서 어떻게 생각하면 무섭기조차 하다. 우리의 지구는 이 공간에 우리를 언제나 안전하게 데리고 있다. 지구는 음속보다 더 빠른 초속 462m의 속도로 자전을 하고, 태양을 중심축으로 삼아 초속 29.7km라는 엄청난 속도로 달리고 있음에도 우리뿐만 아니라 공기 분자 하나까지 놓치지 않고 챙긴다. 만일 그렇게 하지 않는다면 우리는 금방 깜깜한 우주 속으로 빠져들어 단 몇 분도 목숨을 이어가지 못할 것이다. 이 사실을 지극히 당연하게 여기는 사람보다 감사하게 생각하는 사람의 마음이 훨씬 더 넓고 밝을 것이다.

아인슈타인의 상대성 이론에서의 공간

칸트는 순수이성비판에서 "공간이라는 것은 사물 그 자체의 성질이나 상호관계를 가진 사물 그 자체가 아니다. … 공간이라는 것은 외감의 모든 현상의 형식, 즉 감성의 주관적 제약이며, 외적 직관은 오직 이 제약하에서만 가능한 것이다"고 주장한다. 이어서 그는 "그러므로 우리는 오직 인간의 입장에서만 공간이니, 연장을 가진 물체니 등등을 말할 수 있는 것이다. 만일에 우리가 주관적 제약을 떠난다면, 그때에는 공간의 표상이란 전혀 무의미한 것이다"라고 설명하고 있다. 공간은 칸트의 경우에서와 같이 아인슈타인의 상대성 이론에 의해서도 우리가 일상의 생활에서 경험하는 바와 같이 고정되어 불변하는 존재가 아니라 중력장의 세기와 물체가 달리는 속도에 따라서 달라지는 상대적인 존재다. 천체는 질량의 크기에 비례하는 중력을 지니고 있다. 태양, 북극성, 시리우스와 같이 부피와 질량이 대단히 큰 항성은 대단히 센 중력을 가지고 있다. 어느 한 항성이 지니고 있는 중력은 둘러싸고 있는 주변 공간에 강한 힘으로 작용하여 우리가 지구의 표면에서 경험하는 공간과 다른 공간을 형성한다. 목성과 토성의 중력은 태양이나 북극성과 같은 항성이 가진 중력에 비해서는 상대적으로 약하지만 금성, 지구, 화성보다는 상당히 강한 중력을 가지고 있고, 이들 근처에서의 공간은 지구 표면에서의 공간과 동일하지 않다. 우리 은하계의 중심을 비롯하여 우주의 곳곳에 있는 것으로 추정되고 있는 중력이 대단히 센 블랙홀Black Hole에서는 모든 것이 그 안으로 끌어 당겨져서 공간도, 시간도, 물질도 인류가 가진 현재의 인식체계로는 알지 못하는 상태로 존재한다. 블랙홀 안의 상태가 어떠한지에 대한 연구를 지속하여 그 정체를 밝혀내면 예수님의 기적, 부활 그리고 승천을 좀 더 잘 규명할 수 있을는지도 모른다.

또한 빛이 달리는 속도에 가깝게 움직이는 물체에서의 공간은 정지되어 있는 물체에서의 공간과 많이 다르다. 물체가 달리는 속도가 빛의 속도에 근접할수록 공간도 신축성이 있는 고무판과 같이 움직인다. 움직이지 않고 고정되어 있는 물체에서의 공간에 비해서 빛의 속도에 가깝게 움직이는 물체에서의 공간은 그 크기가 작아진다. 빛의 속도로 달리는 빛에 있어서의 공간은 우리가 지상에서 관측하고 있는 공간과는 매우 다르다. 과학자들은 아직도 빛에게 있어서의 공간을 정확하게 규명하지 못하고 있다. 빛이 입자의 성질도 지니고 있지만 파동의 성질도 지니고 있는 존재이기에 전달 매체를 필요로 할 것인데, 우주는 단지 진공일 뿐 그러한 전달 매체가 없음에도 불구하고 지구를 비롯한 다른 천체들에게 도달하는 것을 보면 빛에게 있어서의 공간은 지상에서의 공간과는 매우 다를 것이다.

아인슈타인은 이러한 사실을 밝히면서 천체들이 서로 중력에 의해서 직접 끌어당겨 충돌하지 않고 자신의 중력에 의한 공간의 변화로 서로 일정한 법칙에 따라 존재하고 있는 이유를 설명했고, 태양계의 행성들이 태양의 중력에 의한 공간의 변화로 태양 주위를, 달이 지구의 중력에 붙들려서 지구를 돌고 있는 원리를 설명했다. 이러한 사실에 의해서 아인슈타인은 상대성 이론으로 공간도 불변하는 존재가 아니라 중력과 속도에 따라서 변화하는 상대적인 존재라는 것을 밝혔다.

우주의 모습

우주라는 단어는 이 세상에 존재하는 모든 물질, 공간, 시간을 다 포괄하는 말이다. 우주는 우리가 살고 있는 이 땅과 그 위의 모든 것, 공기와 구름을 포함한 하늘의 모든 것, 태양과 달 그리고 밤하늘의 모든 별들을 포함한 모든 것을 의미한다. 또한 이런 것을 생각하고 있는 나 자신과 모든 사람들이 우주를 구성하고 있는 한 요소다. 그래서 가까이는 나 자신부터 멀리는 아득한 별들에 이르기까지 전부 우주에 속한다.

천문학자들은 이 우주가 반지름이 약 150억 광년 정도 되는 공과 같다고 한다. 우주의 크기를 km로 나타내려면 너무나 많은 숫자를 써야 하기 때문에 좀 수월하게 광년이라는 단위를 사용하는데, 1광년은 빛의 속도로 1년을 달려서 도달하는 거리다. 빛의 속도가 정확하게 초속 299,792.458km이므로 1광년은 $299{,}792{,}458 \times 60 \times 60 \times 24 \times 365$km의 거리, 약 9.46조km다. 우주의 크기는 반지름이 이 거리의 150억 배이니까 하여간 대단히 큰 것은 사실이다. 이 정도로 큰 공간 안에 약 1,000억 개의 은하가 있는데, 이들은 평균 200만 광년의 거리를 두고 골고루 분산되어 있다. 우리가 살고 있는 태양계가 속해 있는 은하는 약 2,000억 개의 항성을 가지고 있다.

이렇게 엄청나게 큰 우주의 나이는 약 150억 년이다. 우리 지구의 나이가 약 46억년이라고 하는데, 우주는 지구가 생겨나기 훨씬 전에 생겨나서 우리가 살아가고 있는 이 지구가 생성될 수 있는 조건을 마련했던 것이다.

그런데 이렇게 오래되고 큰 우주도 처음에는 1cm도 되지 않는 작은 크기에서 출발했다고 한다. 처음에는 지금의 모습과는 달리 고도로 농축된 순수한 에너지였고, 시간이라는 것도 없는 상태였다. 그게 도대체 어떤 것인지 알 수 없는, 현재 우리가 체험하는 우주와는 완전히 다른 상태로부터 대폭발이 일어나 우주가 발생하여 팽창하기 시작했다. 우주가 아직도 팽창하고 있다는 사실을 처음으로 밝혀낸 사람은 허블이라는 미국의 천문학자로, 1929년에 멀리 떨어진 은하에서 온 빛을 분석하다가 우연히 알게 되었다. 그는 인류가 우주의 기원과 모습을 이해하는 데 결정적 기여를 했기 때문에 사람들은 그를 기려 현존하는 망원경 중에서 천체를 가장 잘 관측할 수 있는 우주 망원경을 허블망원경으로 명명했다.

그런데 스티븐 호킹과 같은 뛰어난 천문학자들이 공동으로 내린 최근의 연구 결과에 의하면 이런 우주가 여러 개 있다고 한다. 이들 여러 개의 우주는 서로 연결되어 통교하면서 유지되고 있다. 우리가 살고 있는 이 지구는 11차원으로 구성된 이 우주의 한 면에 붙어 있는 4차원의 세계를 가진 존재다. 점, 면, 공간, 시간의 4차원을 초과하는 차원을 우리는 상상하기도 어려운데 우주는 11차원으로 구성되어 있다니, 그 정체에 대해 정확한 개념을 가지려면 더 많이 생각하고 상상해 보아야 할 것 같다.

하여간 우리는 이러한 우주 안에서 살고 있다. 지구는 태양과 일정한 거리를 두고 공전하면서 빛을 받아야 모든 생명체를 살릴 수 있는 존재인데, 이 조건을 가진 지구를 만들기 위해 하느님께서는 이미 150억 년 전부터 작업을 하셔서 이렇게 광대한 우주를 만들어 오셨던 것이다.

이 우주가 신비하고 위대한 것은 단순히 대단히 오래되고 그 크기가 엄청나기 때문만이 아니라, 그 안에 이 모든 것을 보고 생각하고 살아 있음에 대해 감사하는 사람들이 있기 때문이다. 인간은 우주를 바라보고 인식함으로써 우주로 하여금 우주이게 하고 존재 가치를 갖게 한다. 그러므로 각각의 사람은 우주보다 더 위대한 존재다.

별

밤하늘에 별이 없다면, 밤은 우리에게 매우 어둡고 삭막한 세계가 될 것이다. 밤하늘에는 수많은 별들이 있고, 밤이 깊어감에 따라 별들의 위치도 바뀌며, 계절에 따라 보이는 별들도 다르기 때문에 별은 아득한 옛날부터 인간의 관심을 끌어왔다. 오늘날 우리는 도시의 밝은 전등 때문에 별들이 잘 보이지도 않아 크게 관심을 두지 않고 있지만, 예전에는 밤이면 온 세상이 깜깜해지고 특별히 할 수 있는 일도 없었기 때문에, 어둠을 뚫고 반짝반짝 빛나는 다양한 별들의 모습에 관심이 갈 수밖에 없었다. 그래서 옛 사람들은 밤하늘 별들의 모습에 인간의 삶을 투사하여 별자리들을 설정하고 많은 이야기들을 묻어두었다. 사람들이 우리가 있는 북반구의 하늘에 떠 있는 별들로 만든 별자리의 수는 44개이고 남반구에는 40개가 있다고 한다.

우리가 맨눈으로 볼 수 있는 별의 수는 3,000여 개가 되는데, 천문대에 가서 망원경으로 하늘을 바라보면 온 하늘이 별들로 가득 차 있다. 어디를 바라보아도 별이다. 개체로 보이는 별은 전부 우리 은하 안에 있는 것들이다. 우리 은하 밖에 있는 별들은 다른 은하에 속해 있는데, 가장 가까이 있는 안드로메다 은하를 관측하면 별들이 모여서 구름처럼 보일 뿐이다.

지름이 약 10만 광년이고 중심부 두께가 약 1만 5,000광년이며 외부 두께가 수천 광년 크기의 원반형인 우리 은하 안에 약 2,000억 개의 별들이 있는데, 이들은 평균 4~5광년의 거리를 두고 일정하게 분포되어 있다. 1광년의 거리가 약 9조 4,600억km니까 별들은 실제로 서로 무지무지하게 멀리 떨어져 있다. 우리 태양계에서 가장 가까이 있는 별인 알파−센타우르스 별까지의 거리가 4.3광년이고, 오늘날 사용하고 있는 우주선으로 가려면 8만 년 이상 걸리므로 우주의 대부분은 텅 빈 공간인 셈이다. 그런데도 별들이 뿜어내는 빛이 워낙 밝기 때문에 그 먼 거리를 건너와서 우리의 밤하늘을 아름답게 장식하고 있는 것이다. 우리는 이 별들덕분에 시간과 계절 그리고 방향을 정확하게 알 수 있다.

시리우스는 약 8.8광년 떨어져 있고, 10광년 안에 있는 별이 10개 정도에 지나지 않는다. 북극성은 1,100광년 떨어져 있고, 1등성인 직녀성도 26광년이나 떨어져 있다. 이들은 각자 있는 자리에서 빛을 내면서 자신의 역할을 할 뿐, 다른 별에게 접근하여 간섭하거나 방해하지 않는다. 서로의 존재와 위치를 인정하여 그대로 있게 한다.

이런 것을 두고 봐도 우리는 별들로부터 배울 것이 많다. 자신이 있는 자리에서 자신이 할 수 있는 일을 꾸준히 하면서 살아갈 뿐 공연히 남을 시기할 것도 없고 열등의식을 느낄 필요도 없다. 큰 것은 큰 대로, 작은 것은 작은 대로 살며, 붉은 것은 붉은 대로, 푸른 것은 푸른 대로 사는 거다. 그렇게 살다가 자신의 수명이 다하면, 수명이 다한 것에 아무런 불만을 품지 않고 새로운 형태로 변해 가는 거다.

우리는 이러한 별들에 비해 상당히 작은 지구에서 그보다 훨씬 더 작은 존재로서 광대한 우주의 나이에 비해서는 찰나의 시간을 살다가는 존재지만, 나름대로 자의식을 가지고 하루하루를 감사하는 마음으로 살아가고 있다. 살아 있음을 의식하는 우리의 하루 시간이 그것을 의식하지 못하는 별들의 수억 년의 시간보다 더 길고, 2m가 채 못 되는 내 몸이 지름 100만km의 별보다 더 클 수 있다. 우리의 의식은 광대한 우주를 꿰뚫고 더 나아갈 수도 있고, 150억 년 전 우주 탄생 이전의 세계로도 거슬러 올라갈 수 있는 뛰어난 존재다.

태양계

우리 은하의 중심에서 약 2만 8,000광년 떨어진 곳에 우리의 태양계가 자리 잡고 있다. 우리 은하에는 2,000억 개의 별이 있지만, 우리의 태양계로부터 가장 가까운 별인 알파 – 센타우르스까지의 거리는 약 40조km나 된다. 이것은 태양계의 지름이 약 100억km인 것에 비하면 너무나 먼 거리다. 태양계 지름의 약 4,000배에 해당한다. 그래서 우리의 태양계는 다른 별들과는 아무 상관없이 독립적인 존재로 이 우주 안에 존재하고 있다. 다른 별들과는 서로의 빛을 통해서 그곳에 있다는 사실을 아는 것 이외의 교류는 없다. 이 사실을 두고 보더라도 UFO에 대한 이야기는 이야기로서는 흥미가 있는 것이지만 그 이상은 아닐 가능성이 매우 높다. 이제 우리의 생각을 태양계 안으로 돌려 보자.

태양계는 태양계 전체 질량의 99.866%를 차지하는 태양을 중심으로 평균 약 5,000만km의 간격을 유지하면서 수성, 금성, 지구, 화성, 소행성, 목성, 토성이 있고, 그보다 조금 더 긴 간격을 두고 천왕성, 해왕성, 명왕성이 있으며, 명왕성 바깥부분에 아직 그 정체가 다 밝혀지지 않은 약간의 소행성들이 있고, 긴 타원 궤도를 도는 혜성이 약 700개 있다. 수성과 금성을 제외한 행성들은 한 개 이상의 위성을 가지고 있다. 그리고 이따금 지구의 대기권 안으로 떨어질 때 긴 꼬리를 내며 타는 유성들이 있다. 이들이 우리 태양계 안에 있는 존재들이고, 이들은 다른 천체의 것들에 비해 비교적 우리 가까이 있는 것이어서 우리 삶과 더 밀접한 영향력을 가지고 있다.

우리 지구를 중심으로 지구보다 안쪽에 있는 수성과 금성을 내행성이라 하고, 지구보다 바깥쪽에 있는 화성, 목성, 토성, 천왕성, 해왕성, 명왕성을 외행성이라고 한다. 내행성은 언제나 태양 가까이 있기 때문에 낮에 태양과 함께 늘 하늘에 떠 있는데, 태양이 워낙 밝아서 낮에는 보이지 않고 태양이 동쪽하늘에 떠오르기 직전인 이른 새벽하늘이나 태양이 지고 난 뒤 서쪽하늘에서 얼마동안 보일 뿐이다. 그래서 이들을 한밤중에 하늘 높은 곳에서 볼 수는 없다. 특히 수성은 태양과 가까이 있어서 세심하게 관찰하지 않으면 보기가 매우 힘들다. 그러나 금성은 매우 밝아서 쉽게 볼 수 있고, 밤하늘의 별 중에서 가장 밝다. 외행성은 한밤중 하늘 높은 곳에서 빛나는 경우가 많다. 행성들은 늘 일정한 위치에서 하늘을 도는 항성과 달리 있는 위치가 자꾸만 바뀌기 때문에 행성이라고 한다.

수성, 금성, 지구, 화성을 지구형 행성이라 하고, 목성, 토성, 천왕성, 해왕성을 목성형 행성이라 하는데, 명왕성은 이들 중 어느 쪽에도 속하지 않는다. 지구형 행성은 작지만 밀도가 높고, 목성형 행성은 크지만 밀도가 낮다. 명왕성은 지구형 행성처럼 작고 밀도가 낮은 좀 독특한 존재다.

태양계 자체도 은하의 중심을 축으로 하여 초속 약 220~240km의 속도로 공전을 하고 있는데, 태양계 안에 있는 모든 물체 역시 잠시도 가만히 있지 않고 태양을 중심으로 태양이 자전하는 방향으로 일정하게 돌고 있다. 이들은 자전도 대부분 같은 방향으로 하는데, 금성과 천왕성은 좀 다르다. 금성은 공전 방향과는 반대방향으로 천천히 자전하고 있고, 천왕성은 완전히 누워서 자전하고 있다.

태양계의 행성들이 공전하는 속도는 태양에 가까울수록 빠르고 멀수록 느린데, 일정한 법칙을 가지고 있다. 이것을 밝혀낸 사람이 바로 체코 출신인 케플러이고, 그래서 사람들은 이 법칙을 케플러 법칙이라고 한다. 제1법칙은 모든 행성은 태양의 둘레를 타원궤도에 따라 돌고 있다는 것이고, 제3법칙은 1회 공전에 걸리는 시간의 제곱은 궤도의 긴 반지름의 3제곱에 비례한다는 것이다. 이게 무슨 말인가? 독자 여러분 중에는 좀 더 알고 싶어하는 분들도 있을 것 같은데, 그런 분들은 이제 좀 더 전문적인 공부를 해 보는 것이 어떨까 생각한다.

하여간 이런 법칙에 따라 수성은 태양을 한 바퀴 공전하는 데 88일 걸리고, 목성은 약 12년, 가장 바깥부분에서 돌고 있는 명왕성은 249년 걸린다. 그럼 지구는 몇 년 걸릴까? 1년이다. 지구가 태양을 한 바퀴 도는 시간을 1년이라 하고 있다.

그런데 이들뿐만 아니라 약 700개의 혜성들 중에서 약 300개가 태양에 주기적으로 근접하면서 돌고 있다. 물론 각 행성들이 가진 위성들도 자신이 속한 행성을 중심으로 돌면서 또한 그 행성을 따라 태양을 돌고 있다. 이외에도 유성들도 함께 돌고 있고, 궤도가 알려진 약 1만 개의 소행성들과 아직 다 밝혀지지 않은 많은 수의 소행성들도 돌고 있다.

이렇게 많은 수가 끊임없이 돌다가 서로 부딪치는 경우도 있다. 유성이 지구에 떨어지는 것도 그러한 것 중 한 현상이다. 지구 위의 과학자들은 2019년에 지구 근처를 지나갈 소행성이 지구와 충돌할지도 모른다는 가설을 내놓고 있기도 하다. 그런데 태양계 전체 질량의 99.866%가 태양이고 나머지 모든 구성물들을 다 합쳐봐야 0.134% 밖에 되지 않으며 서로 적당한 간격을 유지하고 있기 때문에 우려할 만한 사고가 발생할 가능성은 매우 적다.

우주의 나이는 약 150억 년인데, 태양계의 나이는 약 46억 년 정도 되는 것으로 추정하고 있다. 학자들이 태양계의 나이를 이렇게 추정하는 이유는 지구에 떨어지는 운석과 달의 흙을 분석해 보니 이들이 대개 45억 5,000만 년의 나이를 가지고 있기 때문이다. 지구 위에 있는 암석은 모두 이보다 젊어서 태양계의 나이가 실제로 이 정도 될 것으로 생각하고 있다. 그래서 태양계는 우주가 탄생할 때 함께 생긴 것이 아니라, 이미 한 번 수명을 다한 별이 초신성 또는 거성으로 폭발하여 우주 공간으로 흩어졌다가 다시 모인 2세대 또는 3세대 별들 중 하나인 것으로 추정된다.

이 과정에서 지구와 우리 몸을 구성하고 있는 물질들이 만들어졌다고 한다. 우리 몸을 구성하는 원소들을 만들기 위해 놀랍게도 이렇게 긴 기간의 작업이 있었던 것이다. 우리가 이렇게 은혜로운 삶을 살아가도록 하기 위해 많은 요소들이 오래 전부터 준비되어 왔고, 오늘도 이 우주와 태양계는 조금도 틀림없이 법칙을 지켜가고 있다. 우리도 우리 자신이 지켜야 할 것을 지키면서 감사하게 살아가야겠다.

우리가 살도록 배려하는 태양계야, 오늘 하루도 여러 가지 법칙을 잘 지켜 주어서 대단히 고맙다. 이들을 창조하신 하느님, 감사합니다. 꾸벅.

태양

태양은 우리가 매일 대하는 가장 가까운 존재 중 하나이고, 우리 모두를 살게 하는 생명의 은인이다. 우리가 직접 경험하는 태양에 대해 이야기하자면, 가장 먼저 떠오르는 것은 태양이 우리를 매일 아침마다 깨워서 일어나게 한다는 것일 거다. 이렇게 떠오른 태양은 지구 위의 공기를 데워 바람이 불게 하고, 바다와 육지의 물을 데워 하늘 높이 증발하게 하여 비가 오도록 하면서, 지구상에 생명체들이 살아갈 수 있는 온도와 환경을 만들어 우리 모두를 살리는 대단한 일을 한다.

태양은 우리 지구에서 일어나는 모든 현상을 가능하게 하는 존재다. 우리 모두가 이렇게 살아갈 수 있는 것도 결국은 태양 에너지 덕분이다. 그런데 지구 위의 모든 현상들을 일으키고 생명체들이 살아가도록 에너지를 제공하는 태양이 실제로 발산하는 열은 지구에 도착하는 양의 약 22억 배나 된다. 그렇게 많은 열을 발산하는 첫 번째 이유는 태양이 무지무지하게 크기 때문이다. 태양의 크기는 지름이 자그마치 140만km나 되어 약 12,740km인 지구의 크기보다 지름으로는 110배, 부피로는 약 130만 배나 된다. 지구에서 달까지의 평균거리가 약 38만km인 것을 생각하면 어느 정도의 크기인지 대강 짐작할 수 있겠다.

이렇게 큰 태양의 75%가 수소이고 나머지는 헬륨, 리튬, 붕소, 탄소, 산소 등 92종류의 물질들로 채워져 있는데, 수소가 핵융합반응을 하면서 헬륨이 되는 과정에서 막대한 에너지가 발생되어 외부로 분출된다. 매초마다 수만 개의 수소폭탄이 터지는 것과 같은 양의 열이 발생한다. 그래서 태양의 중심온도는 수천만 도이고 표면 온도는 6,000도인데 흑점은 비교적 낮은 4,000도다.

갈릴레오가 망원경을 통해 태양의 흑점을 관측한 이래 수많은 과학자들이 오랜 기간 연구하여 태양의 상태를 비교적 자세하게 파악하고 있다.

그래서 전문 서적들을 보면 태양에서 핵융합반응이 일어나게 된 원인과 현상에 대해 자세하게 설명되어 있다.

그런데 아직도 인류가 제대로 알 수 없는 것은 도대체 이런 현상을 가진 태양의 주된 구성 성분인 수소의 출처다. 태양의 75%가 수소로 되어 있고, 헬륨을 비롯한 다른 원소들은 태양의 이런 작용으로 그 안에서 생겨났다는 것은 아는데, 수소는 그럼 어디서 생겨난 것일까? 앞에서 언급한 대폭발 이전에 존재하던 에너지 형태에서 생겨났을까? 그렇다면 그 에너지는 어디서 생겨난 것일까?

이러한 의문은 끝이 없는데, 독자들도 이 현상에 대해 관심을 가지고 의문을 풀어 보기 위해 노력한다면, 한 단계 더 발전된 설명을 할 수 있을 것으로 생각한다. 여러분들 중에서 태양과 우주에 대해 더 잘 설명할 수 있는 뛰어난 과학자들이 나오기를 기대해 본다.

이렇게 큰 태양도 은하의 중심을 축으로 하여 초속 약 220~240km의 속도로 돌고 있는데, 한 바퀴 도는 데 약 2억 년이 걸린다. 태양의 나이가 약 46억 살이니까 지금까지 약 23바퀴를 돈 셈이다. 이러한 크기의 태양도 언젠가는 수명이 다하는 날이 올 것이다.

시간과 공간의 세계 안에서 볼 때에는 태양의 크기와 나이가 대단히 크고 많은 편이지만, 시간과 공간을 떠난 세계에서는 이 모든 것이 한줌 손안의 것이고 찰나의 순간에 지나지 않을지도 모를 일이다. 우리의 지성은 이런 생각을 할 수 있을 정도로 크고 긴 존재다.

우리의 두뇌와 의식은 이런 존재다. 지구보다 130만 배나 큰 태양보다 더 큰 존재! 그게 우리 안에 있다. 이것을 부지런히 가꾸고 개발하면 지혜롭고 민첩하게 되지만, 게을러 내팽개쳐 두면 멍청해져서 자신도 괴롭고 함께 있는 이웃들도 괴롭히게 된다.

숨바꼭질의 명수인 수성

태양계의 행성들에 대해 언급하는 것도 의미가 있으리라 생각한다. 우리가 살고 있는 지구의 주변 상황에 관심을 갖는 것은 환경에 대한 정확한 정보를 확보하여 삶을 이해하고 설계하는 데에 도움이 될 것으로 생각되기 때문이다. 이들 중 대부분은 이미 어느 정도 알고 있는 사항이기도 하지만, 다시 한 번 관심을 가져 호연지기의 넓고 여유 있는 마음으로 이 세상을 살아가자는 의도로 이 글을 정리한다.

수성과 금성은 지구에 비해 태양에 더 가까운 위치에서 도는 내행성들이다. 그래서 이들은 지구나 외행성들보다 언제나 태양 가까이에 있어서 실제로는 태양과 함께 낮에 하늘에 늘 떠 있지만 태양이 워낙 밝아서 잘 보이지 않는다. 아침 해가 떠오르기 전 동쪽 하늘이나 해가 진 뒤 서쪽하늘에서 잠깐 볼 수 있을 뿐이다.

그런데 옛날 사람들은 새벽녘 동쪽 하늘에 떠오르는 수성과 금성이 초저녁 서쪽 하늘에서 빛나는 행성과 같은 별인 줄을 몰랐다. 그래서 그리스 사람들은 해 뜨기 전에 보이는 수성을 아폴론이라 부르고, 해 진 뒤에 보이는 수성을 헤르메스라고 불렀다. 근대에 들어서면서 코페르니쿠스와 케플러 같은 뛰어난 천문학자들에 의해 행성의 정체가 밝혀지면서 이들이 결국 같은 별이란 것을 알게 되었다. 눈에 보이는 현상 세계를 넘어서서 진실을 밝혀낸 이들의 용기와 탐구 정신이 인류에게 새로운 지평을 열어 준 것이다.

수성은 지름이 4,878km이어서 12,740km인 지구의 3분의 1에 지나지 않고, 질량은 지구의 5.5%밖에 되지 않는다. 우리 달의 지름이 3,476km 이니까 달보다 조금 큰 정도다. 크기가 작기 때문에 상대적으로 중력도 그만큼 작고 대기를 붙들어 둘 힘도 없어 수성에는 대기가 없다. 수성의 나이는 태양계의 다른 천체와 같은 약 46억 년 정도 되는데, 지구와 비슷한 $5.43g/cm^3$의 밀도를 가진 단단한 금속과 암석 그리고 맨틀 등으로 구성되어 있다.

대기가 없다는 것은 여러 가지를 의미하는데, 우선 수성에는 생명체가 살아갈 수 없고, 날씨의 변화가 없어서 풍화작용이 일어나지 않으며, 밤낮의 기온 차이가 매우 심하다. 낮 기온은 섭씨 430도쯤이고 밤에는 영하 170도까지 내려간다.

미국에서 쏘아 올린 우주선 매리너 10호가 최초로 수성을 정밀하게 찍은 사진을 보면, 수성의 표면이 우리의 달처럼 온통 상처투성이인 것을 알 수 있다. 우주에서 날아온 운석들에 부딪혀서 곰보가 되었는데, 풍화작용이 없어서 수십억 년이 지나도 자국이 그대로 남아 있다. 지구 위에서라면 풍화작용에 의해 벌써 변형되었을 것이다.

자전주기가 59일인 수성은 태양에서 약 5,000만km의 거리를 두고 약 7도 정도 기울어진 궤도에서 초속 46.85km로 88일 만에 한 번씩 태양을 돌고 있다. 금성과 지구와 목성 같은 행성들이 수성에게 끊임없이 간섭하여 수성의 공전 궤도를 좀 더 긴 타원으로 만들어 놓았다고 한다.

수성이 앞으로 어떤 역할을 할 수 있을지 알 수 없지만, 수성은 그곳에 그렇게 존재하고 있는 것만으로도 자기 역할을 하고 있다고 볼 수 있다. 태양계에서 매우 작은 행성인 수성은 자신의 존재를 상실하지 않으려고 남보다 더 빠른 속도로 태양을 돌면서 자신을 지키고 있다.

우리는 자신의 존재를 지켜나가기 위해 무엇을 하고 있을까?

짙은 구름에 둘러싸인 금성

금성은 우리 태양계의 행성들 중에서 지구를 가장 많이 닮은 별이다. 크게 다른 점은 금성이 우리 지구에서 밤하늘 높은 곳에서는 결코 보이지 않는다는 것이고, 금성에서 바라보는 지구의 모습은 지구에서 화성을 보는 것과 비슷하다는 것이다. 우리에게는 지구가 이렇게도 큰 존재지만 금성의 위치에서 보면 하늘 높이 떠 있는 하나의 별에 지나지 않는다. 굳이 이것을 생각하면서 살아갈 필요는 없지만 이런 기회에 한번 생각해 보는 것도 나쁘지 않을 것 같다. 이 우주 안에서 우리의 위치와 의미에 대해 조금 더 객관적으로 생각해 볼 수 있기 때문이다.

중국에서는 아침의 금성을 계명이라 하고 저녁의 금성을 장경이라 했는데, 우리나라에서는 아침에 보이는 금성을 효성 또는 샛별이라 하고 저녁에 보이는 금성을 태백성이라 했다. 고대 그리스에서는 아침 금성을 헤오스포로스, 저녁 금성을 헤스페로스라 했다.

금성은 화성과 함께 우리 지구에서 가장 가까운 행성이고 밤하늘에서 가장 밝은 별이기 때문에 일찍부터 관심의 대상이었다. 밝기가 무려 -4등성이나 되는데, 지구에 가장 가까이 있는 것도 밝게 보이는 원인 가운데 하나지만 두꺼운 구름으로 싸여 있어서 그렇기도 하다. 금성을 둘러싸고 있는 짙은 구름 아래의 모습에 대해 사람들은 오랫동안 상당한 흥미를 가지고 있었다.

소련은 1967년 10월에 탐사선을 금성에 보내 구조와 구성물질, 두터운 구름 속의 모습에 대해 탐구했다. 그 결과 매우 실망스럽게도, 금성의 대기는 90기압이나 되고 95%이상이 이산화탄소일뿐더러 온난화 현상이 심하게 진행되어 내부 온도가 무려 섭씨 400도를 넘는다는 것을 알게 되었다. 이런 상태는 사람이 도저히 살아갈 수 없는 끓는 지옥과 같은 것이다. 그래서 요즈음은 금성에 가서 인류가 살아갈 수 있을 것이라는 희망을 접어둔 채, 그냥 저곳에 금성이 있다는 사실을 인정하는 것으로 만족하고 있다.

금성은 지름이 12,400km로서 크기가 12,740km인 지구보다 약간 작고

밀도는 지구와 거의 같은 5.25g/cm³이다. 태양으로부터 평균 약 1억820만km의 거리에서 공전하고 있는데, 근일점이 1억748만km이고 원일점이 1억875만km이어서 차이가 적어 이심률이 0.0068에 지나지 않는다. 그래서 공전 궤도가 거의 원에 가깝고 궤도경사는 3.394도이다.

태양을 한 바퀴 도는 데에 224.7일 걸리는데, 자전주기는 공전주기보다 더 긴 243일이나 된다. 그것도 공전 방향과는 반대 방향으로 돌고 있다. 태양계의 모든 행성들이 공전방향과 같은 방향으로 도는데, 오직 금성만 다른 방향으로 돈다. 그 이유는 아직 알 수 없다. 하긴 천왕성처럼 완전히 누워서 자전하는 행성도 있다.

미국의 나사도 금성에 탐사선을 보냈는데, 1978년에 금성을 도는 궤도에 들어선 파이어니어비너스 2호가 레이더로 금성의 표면을 측정하여 대략적인 지형도를 만들기도 했다. 이 자료에 의하면, 금성의 표면은 대부분이 지구보다 평탄하다. 금성의 표면을 이루고 있는 물질은 지구처럼 대부분 화강암이다.

하여간 지구를 쏙 빼닮은 금성에 사람이 살 수 없다는 것은 참 아쉬운 일이다. 사람이 살아갈 수 있다면 인류는 이곳을 여행하기 위해 많은 탐구와 노력을 기울이면서 활기를 띠고 있을 텐데….

금성이 이렇게 생명체들이 살기에 부적합할수록 지구가 우리에게 더 값지게 다가온다.

푸른 별, 지구 이야기

이제 순서에 따라 우리 지구에 대해서 이야기할 차례가 되었다. 우리가 살고 있는 지구에 대해 이미 많이 알고 있지만, 모르고 있는 것도 많고 알고 있는 것도 다른 관점에서 바라보면 또 새로운 의미를 읽을 수 있다.

우주인 유진 서넌은 달로 가면서 지구를 바라본 감동에 대해 다음과 같이 고백하고 있다. "지구에서 멀어짐에 따라 지구는 점점 더 아름다워진다. 그 색깔이 말할 수 없을 정도로 아름답다. … 태양 빛을 받아 청색과 백색으로 빛나는 지구의 아름다움, 이것은 사진으로는 표현될 수 없다."

　학자들이 운석에서 우라늄의 상이한 동이원소의 비율을 조사해 추정한 바에 따르면 우리 지구의 나이는 약 46억 년이나 된다. 46억 년이란 기간은 사실 제대로 상상하는 것이 거의 불가능할 정도로 매우 긴 시간이다. 그런데 이것은 학자들이 그러할 것으로 짐작하는 수치일 뿐, 정말로 어떠한가에 대해서 현재까지 완전히 알지는 못하고 있다. 그래서 46억 년 전에 시작하여 모든 것이 물질이 가진 원리에 따라 자체 안에서 진화하여 지구상에 오늘날과 같은 생태계가 형성되었다고 주장하는 사람들도 있고, 그게 아니라 성서에서 말하는 대로 하느님께서 처음부터 이러한 모습으로 창조했다고 주장하는 사람들도 있으며, 태초에 하느님께서 창조하신 것은 분명한데 그 이후에는 물질계의 원리에 따라 진화를 거듭해 왔다고 주장하는 사람들도 있다. 이들 모두의 의견이 서로 옳은 점을 가지고 있기 때문에 어느 누구도 상대를 완전히 설득하여 이기지 못하면서 팽팽히 맞서고 있다. 앞으로 어느 이론이 더 옳은 것으로 드러날 것인지는 두고 봐야 할 일이다.

　하여간 지구의 나이가 46억 년 정도 된다는 것에는 대개 동의하고 있다. 그런데 지구를 만든 물질의 기원은 이보다 훨씬 더 긴 시간 속에 있다. 우리 지구를 형성하고 있는 100여 종류의 원소들이 만들어진 것은 우리 태양과 같이 계속 엄청난 양의 빛을 우주로 뿜어낸 항성 안에서였다. 그러니까 지구는 이전에 다른 별 속에서 만들어진 물질들이 그 별이 수명을 다하여 초신성이 되어 우주로 퍼져나갈 때 흩어졌다가 다시 모이는 과정에서 생겨난 것이다. 이 사실은 또한 태양이 제2 세대의 별이란 것을 의미한다.

　지구는 태양으로부터 평균 약 1억 5,000만km의 거리에 있는데, 수성이나 금성처럼 태양에 너무 가깝지도 않고 화성이나 목성처럼 너무 멀지도 않은 알맞은 거리에 있어서 생명체들이 살아갈 수 있는 환경이 조성될 수 있었다. 그 크기도 적도 반지름이 약 6,378km이고 극 반지름이 약 6,357km이어서 생명체가 살아가기에 매우 적합한 상태를 가지고 있다. 태양이나 목성처럼 부피가 너무 클 경우에는 중력이 너무 강해서 모든 물체가 지구에서보다 훨씬 더 무겁게 느껴지기 때문에 상당히 부담스럽고, 달과 같이 작을 경우에는 중력이 너무 작아서 공기와 같은 가벼운 물질들을 붙들어둘 수가 없어서 생명체가 살아 갈 수 없다.

하여간 지구는 우리가 살아가기에 꼭 알맞은 크기이고 태양에서 적당한 간격으로 떨어져 있다. 이러한 현상을 우연으로 돌리기에는 너무나 신기하고 정밀하게 이루어져 있다.

지구에서 오늘날 살아가고 있는 생명체는 1,000만 종이 넘는데, 이렇게 많은 종류와 수가 살아나갈 수 있기까지 긴 여정이 있었다. 46억 년 전의 지구는 95%가 넘는 이산화탄소로 구성된 대기로 둘러싸여 있었고, 육지와 바다의 모습도 오늘날과는 매우 달랐다. 그런데 길고 긴 시간이 흐르는 동안에 식물이 광합성을 하면서 끊임없이 이산화탄소를 받아들이고 산소를 대기 중에 내놓으면서 산소가 20.94%인 오늘날과 같은 대기가 형성되어 각종 생물들이 살아갈 수 있는 상태가 되었다.

지구 위에 각종 생명체들이 살아갈 수 있는 환경을 조성하는 데에 식물이 큰 공헌을 한 것이다. 그래서 영국의 의사이자 생태학자인 제임스 러브록은 지구 자체가 하나의 살아 있는 생명체일 것이란 가설을 내놓았는데, 많은 사람들이 그의 학설에 동조하고 있다. 지구는 가만히 두면 그 안에 생명체들이 살아갈 수 있도록 자신이 알아서 조절한다는 것이다.

산불이 나거나 황사현상이 일어나더라도 자정작용을 하여 공기가 다시 맑아지고, 이것은 물의 경우에도 마찬가지로 해당된다. 자연은 햇빛, 산소, 미생물 등을 동원한 자정능력을 갖추고 있기 때문에 어느 정도의 오염물질들이 들어와도 정화를 해낸다. 그러나 지나치게 많은 양의 오염물질이 공기나 물 또는 땅에 유입될 경우에는 자연이 이것을 감당하지 못하여 썩어들고 만다.

오늘날 이 지구촌에 60억이 넘는 사람들이 살아가면서 내놓는 오염물질들은 지구의 자연이 가진 자정능력이 소화할 수 있는 범위를 넘어서고 있어서 큰 걱정이다. 지금처럼 많은 수의 자동차와 공장, 주택에서 끊임없이 배기가스와 폐수, 쓰레기와 같은 오염물질들을 내놓는 상황이 지속될 경우에는 앞날이 걱정되지 않을 수 없다. 앞으로 얼마 가지 않아서 더 이상 쓰레기를 묻을 곳이 없게 될 것이다. 서울 주변의 땅에는 쓰레기가 무질서하게 묻혀 있어서 벌써 많은 문제가 발생하고 있다.

부산에서 살아가는 사람들은 안심하고 마실 수 있는 수돗물을 공급받지 못한 지 오래다. 낙동강 물을 안동, 구미, 대구, 밀양 등지에서 살아가는 사람들과 산업체들이 이미 여러 차례 사용해 상당히 더러운 물이 하구로 내려오는데, 그 물을 끌어올려 사용해야만 하는 부산지역에서는 아무리 정수를 해도 안심할 수 있는 정도가 되지 않는다고 한다.

하여간 우리의 앞날을 위해서도 지구촌의 환경문제에 대해 우리 스스로 관심을 기울이고 오염시키지 않도록 노력해야겠다. 그러면 나머지는 이 지구가 스스로 알아서 할 것이다. 우리가 조금 협조하면 지구는 신바람을 내서 우리가 살아갈 수 있는 환경을 만들어 줄 것이다.

달

요즈음의 아이들에게 달은 어떤 존재일까? 아이들은 한 달에 몇 번이나 달을 바라볼까? 필자가 어렸을 적에는 텔레비전이나 비디오 또는 컴퓨터 같은 것이 없었기 때문에 동무들과 자연 속에서 노는 시간이 많았고, 지금처럼 고층 아파트가 없던 시절이었기에 밤하늘을 환하게 밝혀 주던 달은 우리와 자연스럽게 함께하던 신비로운 존재였다.

당시 어떤 사람들은 둥근 보름달이 동산 위에 떠오르면, 마음속에 간직한 소망이 이루어지기를 빌기도 했다. 지금 생각하면 그 마음이 참으로 소박하였으며 나쁘지 않은 느낌으로 다가온다. 당시에 달은 하늘 높은 곳에서 밤하늘을 밝히는 큰 힘을 가진 존재로 비쳤고, 낮의 해와 견줄 만한 존재로서 우리의 소망을 이루어주는 신비한 힘을 가진 것으로도 생각되었을 것이다.

한편으로 달은 인간의 정서를 따뜻하게 하는 문학의 대상이기도 했다. 얼마나 많은 시인과 가수들이 달에 대한 시를 짓고 노래를 했으며, 얼마나 많은 동화작가들이 달을 소재로 이야기를 만들어냈는지 우리는 잘 알고 있다.

오늘날 천문학의 발달로 우리는 달의 객관적인 모습에 대해 많이 알고 있다. 예를 들어 달은 지름이 약 3,476km로서 지구의 약 1/4 정도 되고, 지구에서 평균 38만km 정도 떨어져서 지구를 29.5일에 한 바퀴씩 돌고 있으며, 중력은 지구의 1/6 정도 되기 때문에 같은 힘으로 달에서는 지구에서보다 6배나 높이 뛸 수도 있다는 것을 비롯하여 많은 것을 알고 있다.

그러나 실제에 있어서는 모르는 것이 훨씬 더 많다. 예를 들어 달의 기원에 대해서 아직 정확하게 모르고 있다. 어떤 학자들은 달은 지구에서 분리되어 차츰 형태를 갖추어갔기 때문에 지구의 아들이나 딸과 같다고 설명하고, 어떤 학자들은 달은 태양계가 형성될 때 지구와 같이 형성되었기 때문에 지구와 형제 같은 존재라고 설명하며, 어떤 학자들은 달은 원래 다른 곳에 있었는데 지구에게 가까이 오다가 지구의 인력에 끌려들어와서 지구를 돌게 되었기 때문에 양아들과 같은 존재라고 설명하기도 한다. 그런데 이런 설명들은 모두 일리가 있는 듯하지만 어느 설명도 정설로 인정받기에는 부족한 부분이 많다.

우리가 달의 앞면만 볼 수 있고 뒷면은 아폴로 우주선이 달을 돌면서 사진을 찍은 것으로만 볼 수 있는데, 달은 왜 공전주기와 자전주기가 같아서 자신의 앞모습만 우리에게 보여 주는지 알 수 없다. 망원경으로 보면 달의 표면이 심하게 패였는데, 운석이 많이 떨어져서 그렇게 된 것인지, 화산폭발에 의해 그렇게 된 것인지 그 원인을 아직 정확히 알지 못하고 있다.

달에 대해 더 이상 관심을 보이지 않는다면, 그것은 우리의 삶에서 큰 부분을 잃게 되는 것이 아닐까? 하늘에서 매번 다른 모습으로 우리에게 다가오는 저 달을 한 번도 만나 보지 않고 보내는 밤이 과연 충만히 채워진 밤일까? 밖에서 달이 옛날부터 이 땅을 비추면서 알아온 이야기를 해 주려고 우리를 기다리고 있는데, 텔레비전이나 컴퓨터 앞에서만 시간을 다 보내면서 침침하고 피곤한 눈을 비비고 있는 것이 과연 행복한 삶일까?

해님의 밝고 힘찬 빛, 달님의 부드럽고 은은한 빛, 솔숲을 막 지나와 솔향기를 가득히 머금은 공기, 깊은 산 속 계곡을 흐르는 맑은 물이 내는 재잘거림 등과는 거리가 한참 먼 삶에서 우리가 과연 건강하고 행복한 몸과 마음을 유지해 나갈 수 있을까?

밤하늘의 붉은 별, 화성

화성은 그 빛깔이 붉기 때문에 그리스 사람들은 화성을 전쟁의 신으로 생각하고 마르스라는 명칭을 부여했고, 우리나라 사람들도 화성에 대해 큰 관심을 가지고 있었다. 화성이 금성과 함께 지구에 가장 가까이 있는 행성이기 때문에 일찍부터 미국과 소련은 화성에 탐사선을 보냈다.

화성은 지름이 6,794km로서 지구의 1/2 정도이고, 질량은 1/10 정도며, 밀도는 물의 3.93배다. 태양에서 평균 2억 2,794만km 떨어져서 공전을 하고 있는데, 한 번 공전하는 데 687일 걸린다. 그래서 그 안 궤도를 돌고 있는 지구와 가까울 때도 있고 멀리 떨어지는 경우도 있다. 지구와 가장 가까울 때에는 약 5,600만km 정도의 거리에 있고 가장 멀리 있을 때에는 약 10억km 정도의 거리에 있다.

화성은 2년 2개월에 한 번씩 지구 가까이 다가오는데, 가장 가까운 거리로 다가오는 경우는 대략 15~17년을 주기로 한 번씩 일어난다. 필자는 지난 2001년 여름에 지구에 무척 가까이 다가온 화성을 맨눈으로 유심히 관찰한 적이 있는데, 한밤중에 남쪽하늘에서 붉은 별이 크게 반짝이는 모습에 큰 기쁨을 느꼈다. 매일 밤마다 화성을 관찰하면서 가졌던 기쁨은 오랫동안 기억에 남을 것 같다. 정기구독을 하고 있는「과학 동아」를 통해서 화성이 이 시기에 지구에 매우 가까이 온다는 사실을 알게 되어 미리 마음의 준비를 하고 있었던 것이다.

별에 대해 글을 읽고 밤하늘에서 실제로 관찰하고 하는 일은 어떤 것보다 큰 즐거움을 주는 일이고 마음을 맑게 하는 일이다. 많은 돈이 드는 일도 아니고 쓰레기가 발생하는 일도 아니어서 우리의 환경에 부담을 주지 않고 기쁨을 가질 수 있는 좋은 취미라고 생각한다. 별들에 관심을 가지면 가질수록 흥미진진하고 더 깊이 알고 싶은 생각이 일어난다. 다른 많은 일들은 깊이 알아 가는 데에 여러 가지 난관들이 따르지만, 별에 대해 연구하는 것은 밤하늘을 쳐다보기만 하면 되는 쉬운 일이다.

화성이 지구보다 작기는 하지만 자전하는 시간이 지구와 비슷한 24시간 37분이고 지축이 지구와 비슷하게 24도 기울어져 있어서 사계절도 있고 하여 생명체가 살아갈 가능성도 많아 보였다. 게다가 공기와 물도 있으니까. 그러나 1997년 7월 4일에 패스파인더 탐사선을 화성에 착륙시켜 소형 탐사 로봇 자동차 소저너로 하여금 화성의 표면을 다니면서 비교적 자세한 탐사를 하도록 한 결과, 생명체의 생존 흔적이 전혀 발견되지도 않았고 생명체가 살아갈 수 있는 가능성도 전혀 보이지 않았기 때문에 더 이상 생명체의 생존에 관한 희망을 갖지 않게 되었다.

하기야 공기가 있다 해도 지구의 1/100에 지나지 않고 대부분이 이산화탄소로 구성되어 있기 때문에 생명체들이 지구에서처럼 살아갈 가능성은 매우 희박하다. 물도 극소량만 있을 뿐이고 태양에서 지구보다 멀리 떨어져 있어서 기온도 낮에는 섭씨 영하 5도, 밤에는 영하 100도나 된다.

이곳에 갔다 오는 데에 가장 가까운 거리를 선택한다 해도 약 3년이 걸리니 고생이 이만저만 아닐 것이고, 안전하게 돌아올 수 있을 것인가가 불확실한 가운데 좁은 공간에서 3년이나 생활해야 하는 것을 인간이 심리적으로 감당할 수 있을지 의문이다. 화성은 포보스와 데이모스라는 매우 작은 위성을 가지고 있는데, 이것도 단지 관찰의 대상에 지나지 않을 뿐 어떤 희망을 가질 수 있는 대상은 아니다.

이러한 사실을 두고 보더라도 우리는 우리 삶의 장場인 지구를 아끼고 사랑해야 하겠다.

줄무늬 가득한 목성과 아름다운 테를 가진 토성

밤하늘에서 가장 밝은 별인 금성을 새벽이나 초저녁에만 동쪽 또는 서쪽 하늘에서 볼 수 있는 것에 비해, 화성, 목성, 토성은 한밤중에 하늘 높은 곳에서 볼 수도 있고 어떤 때에는 어둔 밤 내내 볼 수도 있다. 화성과 목성은 밝을 때에는 광도가 -2.5등이나 될 정도로 밝기 때문에 밤하늘에 떠 있는 동안에는 쉽게 구분할 수 있다. 토성은 1등성 정도의 밝기인데 이것도 관심을 가지면 쉽게 알아낼 수 있다.

이들을 알아내려면 우선 하늘에서 태양이 지나가는 길을 살펴보아야 한다. 이 길을 황도라고 하는데, 당연하게 고도가 겨울철에는 낮고 여름에는 매우 높다. 태양을 도는 행성들이 태양의 적도와 거의 평행하여 원반형으로 돌기 때문에 황도 주변을 도는 것이다. 각 행성들이 서로 조금씩 다른 경사도를 가지고 있기 때문에 완전히 황도에 일치하여 돌지는 않지만, 거의 비슷하게 돈다. 그래서 이들을 구분하려면 일단 황도를 먼저 둘러보아야 한다.

해가 뜨는 지점에서 시작하여 남쪽으로 기울어 하늘 높은 곳을 거쳐 해가 지는 지점까지 죽 둘러보면 보통 별보다 매우 밝은 별이 보이는 경우가 있다. 그 별빛이 붉은색이면 거의 틀림없이 화성이고 푸른색이면 목성이라 생각하면 된다. 전제조건은 주변의 다른 별들에 비해 유난히 밝은 것이다. 이들만큼 밝지는 않지만 1등성과 같은 정도의 밝은 별이 평소에 없다가 어느 날부터 황도에서 보이기 시작하고 위치가 조금씩 이동하는 듯이 보이면 그것은 거의 틀림없이 토성이다.

이들을 더 정확하게 확인하려면 망원경을 동원하면 된다. 좋은 망원경일수록 더 많은 것을 정확하게 관측할 수 있지만, 이 별들은 워낙 크게 보이기 때문에 보통의 망원경으로도 관측할 수 있다. 망원경을 통해 보았을 때, 사선으로 붉고 노란 줄무늬가 있으면 그것은 틀림없는 목성이다. 망원경을 더 자세히 들여다보면 목성이 가진 위성들 중에서 4개가 뚜렷이 보인다. 아름다운 테가 있으면 우리가 이미 잘 아는 대로 그것은 토성이다. 여기에 해당하지 않고 붉은색으로 크게 보이면 그것은 화성이다.

지구가 1년에 태양을 한 바퀴 도는 동안 토성과 목성을 한 번씩 꼭 만난다. 그래서 어떤 때에는 안 보이기도 하지만 잘 볼 수 있는 날이 반드시 있다. 안 보이는 동안에는 실제로는 낮에 하늘 높이 떠 있는 것이지만 밝은 태양 때문에 보이지 않는 것이다.

목성은 지름이 142,800km나 되어 지구보다 부피가 1,426배이고, 질량은 318배로서 태양계 안의 모든 행성들을 합한 것보다 약 2.5배나 되는 매우 큰 행성이다. 평균밀도는 1.36g/cm³인데 표면은 물보다 가벼운 기체로 구성되어 있기 때문에 우리가 그곳에 가서 선다면 아래로 빠져들 것이다. 이렇게 부피가 크기 때문에 내부의 온도가 매우 높아서, 목성은 태양으로부터 받는 빛보다 두 배로 많은 양을 외부로 방출하고 있다.

태양으로부터 평균 6억 3,000만km 떨어져 있고 공전주기는 약 12년이다. 자전주기는 행성들 중에서 가장 빠른 9시간 50분 30초다. 그런데 이것은 적도지방의 자전주기이고, 중위도 지방의 자전주기는 9시간 55분 41초다. 중력이 지구보다 약 2.54배나 더 세기 때문에 이렇게 빨리 돌아도 목성이 가진 물질들은 외부로 튀어나가지 않나 보다.

목성은 태양이 지닌 행성의 수보다 더 많은 16개의 위성을 가진 것으로 알려져 있는데, 최근에 몇 개 더 발견되었다고 한다. 그 중 4개는 매우 큰 위성인데, 갈릴레오가 최초로 만든 망원경으로 이들을 발견하고는 이오, 가니메데, 유로파, 갈리스도라는 이름을 붙였다. 그래서 사람들은 이들을 갈릴레오 위성이라고 한다. 갈릴레오는 이들이 목성 주위를 도는 것을 확인한 후, 지구가 태양을 돈다는 것을 확신하고 자신 있게 말했던 것이다.

인류는 목성 탐사에도 큰 관심을 가지고 있는데, 1981년에 목성을 탐사한 보이저 2호는 목성도 토성 같은 테를 가지고 있는 사실을 사진으로 찍어 보내 주었다. 그 테가 토성의 테만큼 크지 않기 때문에 망원경으로는 관측되지 않았던 것이다. 인류는 목성과 특히 목성의 위성들에 대단한 관심을 갖고 탐사를 위해 계속 노력하고 있다.

토성도 지름이 120,800km나 되어 목성처럼 매우 큰 행성이다. 부피는 지구의 750배 정도인데, 평균밀도가 0.71g/cm³ 정도로 질량은 지구의 95배 정도다. 태양으로부터 평균 14억 2,940만km 떨어져 있어서 지구에서 목성까지의 거리 이상 더 나가야 만날 수 있다. 공전주기는 29년 167일이고, 자전주기는 중심부가 10시간 14분, 바깥부분이 10시간 41분 정도다.

토성은 모두 17개의 위성을 가지고 있는데, 그 중에서 타이탄이란 위성은 지름이 약 5,000km나 되어 수성보다 더 크다. 다른 위성들에 대해서는 아직 잘 모르기 때문에 더 자세한 탐사가 필요하다.

토성은 무엇보다 그 아름다운 테 때문에 신비감을 지니고 있다. 그래서 사람들은 큰 관심을 가지고 테의 정체에 대해 알아내려 노력했다. 탐사선 보이저 1, 2호가 보내온 자료들을 분석한 결과 토성의 표면으로부터 약 7,000km에서 30만km에 이르기까지 마치 음반 같은 수천 개의 테가 존재하는데, 얼음을 비롯한 여러 입자들로 구성되어 있다는 것을 알게 되었다. 토성에 어떻게 이런 테가 생기게 되었는지는 아직 정확하게 밝혀내지 못하고 있다. 토성 주위를 돌고 있던 위성이 깨어져 생긴 것으로 추측하는 사람도 있고, 위성이 되어야 할 물질들이 뭉치지 못하고 테의 형태로 머물러 있는 것이리라 추측하는 사람도 있다.

태양계의 행성들에 대해 인류는 꾸준한 탐사로 많은 것을 알아냈지만 아직도 모르는 것이 훨씬 더 많다. 앞으로도 계속해서 이들의 비밀을 밝히려는 노력을 해 나가겠지만, 많은 것들이 여전히 베일에 가려진 채로 남을 것이다. 사람들은 이런저런 추측을 하면서 설명해 보려고 시도하겠지만, 모든 것을 자세히 알기에는 우주가 너무나 광대하고 알 수 없는 것 또한 너무나 많다.

우리는 이러한 사실을 감안하여 겸손함을 유지하면서, 오늘 내가 이곳에 이렇게 살아 있는 것에 대해 감사하게 생각하는 것이 유익할 것이다.

천왕성, 해왕성, 명왕성

우리 은하계에 존재하는 1,000억 개가 넘는 별들 중에서 맨눈으로 볼 수 있는 별은 약 3,000개 남짓 되는데, 대개 6등성까지 볼 수 있다. 그러나 이들 중에서 우리가 명확하게 관찰할 수 있는 별의 수는 많지 않다. 이 글을 쓰고 있는 필자도 밤하늘에서 이름을 알고 정확하게 구별할 수 있는 별의 수는 많지 않다. 이름은 알 수 없지만 맨눈으로 쉽게 관찰할 수 있는 별은 대개 3등성까지이고 4등성을 넘어서면 관심의 대상으로 삼기가 힘들어진다.

그런데 필자가 지금부터 이야기하려는 천왕성은 가장 밝을 때가 5.3등성이고 해왕성, 명왕성은 맨눈으로는 관찰이 불가능할 정도로 매우 작게 보인다. 이들이 있다는 것은 초등학교 시절부터 배워서 알고 있지만, 아직 한 번도 본 적은 없다. 천문대에 가서도 화성이나 목성 또는 시리우스 같은 별들을 관측하게 되지, 천왕성이나 해왕성 또는 명왕성을 관측할 기회는 별로 없다. 이들을 관측하려면 관측이 가능한 시기에 천문대 관계자에게 특별히 부탁을 해야 될 것이다. 하여간 한 번도 밤하늘에서 본 적은 없지만 책을 통해서 만난 경우는 종종 있었으므로, 이들에 대해 간단하게 정리하여 독자 여러분께 소개하고자 한다.

천왕성은 영국의 천문학자인 헤르쉘이 1781년에 발견해서 토성 바깥에도 행성이 있다는 것을 알게 되었다. 그 뒤부터 이 행성에 대해 꾸준히 관찰하여 더 자세한 사항과 이 행성에 영향을 미치는 또 다른 행성들이 있다는 것을 알게 되었다. 천왕성은 지름이 50,800km나 되어 지구 지름의 거의 4배나 되는 비교적 큰 행성인데, 밀도가 비교적 낮은 $1.30g/cm^3$이어서 질량은 지구의 14.5배 정도이고 표면 중력은 오히려 지구보다 약해서 지구의 0.89배에 지나지 않는다. 반사율이 높아 구름처럼 보이는 공기가 있고, 가느다란 고리도 가지고 있으며, 위성도 5개나 있다. 보이저 2호가 이러한 사실을 자세히 알아내면서 이들 사진까지 찍어 지구로 보내왔다.

태양으로부터의 평균거리는 약 28억 7,500만km나 되기 때문에 한 번 공전하는 데에 84년이나 걸린다. 그런데 천왕성이 자전하는 모습은 매우 특이하여 약 11시간마다 한 바퀴씩 도는데도 불구하고 밤낮의 길이는 각각 42년씩이나 된다. 그 이유는 천왕성이 98도로 기울어져 돌기 때문이다. 98도니까 완전히 누워서 도는 셈이다. 자전축이 거의 태양을 향해 누워 있으니까 아무리 돌아봐야 밤낮이 바뀌지는 않는다. 밤낮이 바뀌는 것은 유일하게 공전에 의해서다. 그래서 천왕성에서는 하룻밤만 자고 나면 나이를 42세나 더 먹게 된다. 우리의 평균수명이 80세가 못되기 때문에, 천왕성에서는 단 이틀도 살기 어려운 셈이다.

천왕성에서는 이런 이유 말고도 살기 어려운 조건이 많다. 우선 태양으로부터 너무 멀리 떨어져 있어서 햇빛이 매우 약하다. 그래서 천왕성의 표면 온도는 영하 200도 정도 된다.

독자 여러분은 혹시 그곳에 가보고 싶은 생각을 하시는지 알 수 없지만 필자는 결코 가고 싶지 않다. 이곳 우리 지구에서 계속 살아가고 싶고 이렇게 이곳에 살고 있는 것을 대단히 감사하게 생각한다. 이 삶을 주신 하느님께 감사와 찬양을 드리고, 부모님과 친지들 그리고 이웃들에게도 감사를 드린다.

해왕성을 발견하게 된 것은 천왕성 덕분이다. 천왕성을 관측하면서 천문학자들은 그 움직임이 약간 불규칙한 것을 알게 되었다. 그래서 천왕성에 영향을 미치는 행성이 외부에 있을 것으로 추측하고 그 위치를 알아내기 위해 많은 노력을 했다. 천문학자 에덤즈와 르베리에가 정밀한 계산을 한 결과 이 미지의 행성이 있을 위치를 예언했고, 천문학자 갈레가 이 두 사람의 예언에 따라 관측해서 마침내 1846년에 해왕성을 발견했다.

그 작업은 마치 바닷가 모래밭에서 한 알갱이의 특별한 모래를 찾아내는 것과 같이 미세한 일인데, 그 일을 해낸 이들의 끈질긴 집념과 노력은 참으로 대단했다. 우리 모두 이러한 사람들의 수고에 감사하고 칭송을 보내야 하겠다. 또한 그 정신을 본받아 우리의 앞날을 개척해 나가는 데에 적용하면 참으로 좋은 결과가 있을 것으로 생각된다.

해왕성의 크기는 천왕성보다 조금 작아 지름이 50,200km이지만 평균 밀도가 1.76g/cm³이기 때문에 질량이 지구의 17.2배로 천왕성보다 조금 크다. 태양으로부터 평균 44억 9,700만km 떨어져 있어서 공전주기는 164.8년이나 된다. 자전주기는 16시간이고, 자전축이 궤도면에 29.6도 기울어져 있다.

주로 수소와 메탄으로 구성된 공기가 있고, 표면온도는 영하 220도다. 하기야 천왕성보다 훨씬 더 멀리 떨어져 있으니 이렇게 추운 것도 무리는 아니다.

해왕성은 3개의 고리와 여섯 개의 위성을 가지고 있는데, 그 중 하나는 우리의 달보다 더 커서 지름이 약 4,000km나 된다. 이렇게 큰 위성이 그곳에서 돌고 있어 봐야 우리에게 도움이 되는 것은 별로 없지만, 그래도 없는 것보다는 있는 것이 더 나을 것이다. 이러한 사실을 자세히 알아낸 것은 모두 보이저 2호에 의해서다. 보이저 탐사선은 우리 인류에게 많은 새로운 사실을 알려 주었다. 앞으로도 새로운 탐사선들이 더 많은 새로운 사실들을 알려 줄 것으로 기대한다.

그런데 이들 탐사선을 만들고 새로운 사실을 알아내는 것은 모두 우리 사람들에 의해서다. 그래서 사람은 매우 뛰어난 존재고 이 우주에 의미를 부여하는 유일한 존재다.

명왕성의 존재를 알아낸 것도 천왕성의 움직임을 해명하는 과정에서였다. 해왕성의 존재만으로는 명쾌히 설명되지 않는 미세한 오차가 계속 남아 있었는데, 이것을 감안하여 밤하늘을 계속 관측한 결과 마침내 천문학자 톰보가 1930년에 명왕성을 발견하는 데 성공했다.

명왕성은 지름이 5,800km로서 작은 행성이고 공전주기가 매우 독특해서 때로는 해왕성보다 더 안쪽으로 들어오기도 한다. 태양과의 평균거리는 59억km이고 이심률이 0.25나 된다. 그러니까 매우 이지러진 타원궤도를 돌고 있는 셈이다. 학자들의 연구에 따르면 다행히도 명왕성이 해왕성과 충돌할 가능성은 없다고 한다.

명왕성이 매우 작고 너무나 멀리 떨어져 있어서 그 모습을 정확하게 알아내기가 쉽지 않았는데, 1978년에 1개의 위성이 있는 사실을 발견하여 비로소 명왕성의 크기와 질량을 알 수 있었다고 한다. 밀도는 물과 거의 같고 메탄으로 구성된 대기가 있다. 2005년에 2개의 위성이 더 발견된 명왕성은 2006년 행성에서 소행성으로 분류되었다.

천문학자들은 명왕성 밖으로 또 다른 행성들이 있지 않을까 생각하여, 아직도 계속 하늘을 관측하면서 태양계의 신비를 더 많이 밝혀내려고 노력하고 있다.

소행성

태양 주위를 돌고 있는 행성들의 움직임과 위치를 관찰하던 천문학자들은 여기에 일정한 법칙이 있다는 것을 알게 되었다. 이를 케플러 법칙이라 하는데, 체코의 천문학자였던 케플러가 17세기 초에 그의 스승 브라헤가 16년 동안 화성을 관측해서 물려 준 자료를 정리하면서 이 법칙을 발견했기 때문에 사람들은 그렇게 부르고 있다.

케플러 법칙은 셋으로 구성되어 있는데, 제1법칙은 모든 행성은 태양을 초점으로 하는 타원궤도를 움직인다는 것이고, 제2법칙은 행성과 태양을 잇는 선분이 같은 시간에 그리는 면적은 일정하다는 것(면적속도 일정의 법칙)이며, 제3법칙은 행성의 공전주기의 제곱은 태양으로부터의 평균거리의 3제곱에 비례한다는 것(조화의 법칙)이다. 케플러가 이 법칙을 알아냄으로써 천문학은 괄목할 만한 발전을 하게 되었다.

그런데 천문학자들은 행성들의 위치에도 일정한 규칙이 있을 것이란 가정을 하고 그 법칙을 알아내기 위해 노력했다. 그 결과 1766년 독일의 티티우스가 0, 3, 6, 12, 24, 48 등과 같이 앞 수의 배가 되는 수에 각각 4를 더하고 10으로 나누면 행성에서 태양까지의 거리가 AU(천문단위: 태양에서 지구까지의 거리, 약 1억 5,000만km)단위로 나타난다는 사실을 발견했다. 이것을 보데가 정리하여 티티우스-보데의 법칙이라고 했다.

이 법칙에 따르면 화성과 목성 사이에 행성이 하나 있어야 하는데, 당시까지 이 행성의 존재가 관측되지 않아 천문학자들은 먼저 이 행성을 찾아 자신의 이름을 붙이려고 노력했다. 독일의 천문학자 폰 자흐는 '천체경찰'이라는 조직을 만들어 체계적인 관찰을 하기도 했지만, 새로운 행성을 발견하는 행운은 1801년 이탈리아의 천문학자이자 사제인 피아치에게 돌아갔다. 피아치 신부님은 당시 이탈리아 남부의 시칠리아 섬에 있던 팔레르모 천문대 대장이었는데, 황소자리의 별을 별지도에 그리다가 이상하게 움직이는 천체를 발견하고는 처음에는 그것이 혜성일 것으로 생각했으나, 자세히 관측한 결과 화성과 목성 사이에 존재하는 행성이라는 것을 알게 되었다.

피아치 신부님은 이 천체를 농업을 관장하는 여신의 이름인 '세레스'라 부르기로 했다. 모두들 티티우스-보데의 법칙에 따라 하늘을 관측하면서 새로운 행성이 발견되면 자신의 이름을 붙이려 안달을 하고 있었는데, 신부님은 가난한 농민들이 농사를 잘 지어 여유 있게 살았으면 하는 마음으로 그 이름을 붙이신 것이다. 그런데 이 천체는 크기가 너무 작아 일반 행성으로 부르기에는 무리가 있다고 생각하여 소행성이라 부르게 되었다. 세레스는 지름이 960km밖에 안 되었던 것이다.

천문학자들은 화성과 목성사이에 이렇게 작은 '세레스' 밖에 없을 리가 없다고 생각하여 관측을 계속한 결과 계속해서 소행성들을 발견하게 되었다. 지금도 새로운 소행성들이 발견되고 있고, 발견되면 발견자의 이름을 붙여 주고 있다. 독자 여러분도 새로운 소행성을 발견하면 자신의 이름을 하늘에 붙여놓을 수가 있다. 그래서 생텍쥐페리의 어린 왕자처럼 별을 하나 갖고 그곳에서 매 시간 떠오르는 해를 바라볼 수 있을지도 모른다.

이것은 생각만 해도 가슴 설레는 일이다. 필자는 요즈음 부쩍 더 밤하늘을 관측할 수 있는 망원경을 하나 가까이 두고 싶은데, 어떻게 해야 할지 잘 모르겠다. 무리를 하더라도 하나 구입할 것인지, 그냥 참고 맨눈으로 하늘을 관찰할 수 있는 것만으로도 감사하게 생각해야 하는 것인지….

그동안 발견한 소행성들 중에서 궤도가 알려진 소행성만도 1만 개 이상이고, 지금까지 이름을 붙인 것은 약 5,000개 정도 된다. 1923년에 1,000번째의 소행성을 발견하자, 사람들은 소행성을 처음 발견한 피아치 신부님의 이름을 붙여 주었다고 한다. 그동안 발견한 소행성들 중에서 지름이 100km 이상인 소행성의 수는 대략 200개 정도, 10km 이상은 2,000개 정도로 추정된다. 1km 이상 되는 소행성의 수가 적어도 50만 개, 1m 이상은 1,000억 개 정도 될 것으로 추정하고 있다.

팔라스라고 이름 붙인 소행성의 크기는 지름이 608km로서 두 번째로 크다. 베스타라는 소행성의 지름은 480km로 세 번째로 큰데, 표면의 반사율이 높아 소행성 중에서 가장 밝게 보여서 그 위치를 정확하게 알고 있다면 맨눈으로도 볼 수 있다고 한다. 1993년 갈릴레오 탐사선에 의해 발견된 아이다라는 소행성은 지름 1.5km의 댁틸이라는 위성을 가지고 있어서 관심의 대상이 되고 있다. 그런데 이 소행성들을 모두 모은다 해도 지구 질량의 2,000분의 1밖에 되지 않는다. 그래서 앞으로도 더 많은 수의 소행성들이 발견될 것이라고 예상할 수 있다. 정상적인 크기의 행성 하나를 형성할 정도의 질량이 그곳에 있을 것으로 추측되기 때문이다.

이 소행성들이 위치한 곳을 소행성대라고 부르는데, 어떤 소행성들은 군집해 있다. 소행성대에 많은 소행성들이 있지만 공간이 워낙 넓어서 지름 1km 정도 되는 소행성들 간의 거리가 적어도 수백만km는 족히 된다. 그래서 이들이 서로 충돌해서 큰 사고가 나지 않을까, 또는 지구에서 목성이나 토성 등으로 우주선을 보낼 때 이곳의 소행성들과 충돌하는 사고가 나지 않을까 염려할 필요는 없다. 실제로 화성 바깥으로 탐사여행을 떠난 보이저나 갈릴레오 우주선 모두 아무 탈 없이 이곳을 지나갔다.

그런데 어떤 소행성은 소행성대를 벗어나서 아주 먼 궤도를 도는 것도 있고, 어떤 소행성의 궤도는 이심률이 매우 커서 지구의 공전궤도 안쪽으로 들어오는 경우도 있다. 그래서 수십만 년에 한 번 정도는 지름 1km 정도의 소행성이 지구와 부딪칠 수 있다는 통계가 나와 있다. 1908년 6월 30일 지름 100m 가량의 소행성이 시베리아의 한복판인 퉁구스강 근처에 떨어졌는데, 제주도만한 크기인 2,000km²가량이 초토화되었다. 사람이 밀집해서 살고 있는 유럽 한복판이나 미국 동부 또는 일본에 떨어졌더라면 큰일 날 뻔했다.

학자들은 1억 5,000만 년이라는 긴 세월 동안 지구의 지배자로 군림했던 공룡들이 약 6,500만 년 전에 갑자기 사라진 원인이 소행성과의 충돌 때문이었을 것으로 추정한다. 멕시코의 유카탄 반도 북쪽에 지름이 약 300km 정도 되는 거대한 운석구덩이가 있는데, 지름 10~15km 정도 크기의 소행성이 떨어지면 이 정도 충격이 생기고 지구 생명체들의 생존을 크게 위협할 수 있다고 한다.

최근 들어 천문학자들은 '2002 NT7'이라 명명된, 지름이 2km 정도 되는 소행성이 2019년에 지구와 충돌할 가능성이 조금 있어 대책을 세우기 위해 고심하기도 하고, 다시 정밀하게 관측한 결과 그럴 가능성은 매우 낮으니 걱정할 필요가 없다고도 한다. 만약 이 소행성이 지구와 정면충돌

한다면 원자폭탄 2,000만 개의 피해를 입힐 것이라고 한다. 이것 외에 평상시에도 적지 않은 크기의 소행성들이 지구 근처를 지나가서 위협이 되는 경우가 종종 있다.

그러나 하느님께서 우리 모두를 지켜 주고 계시므로, 우리는 오늘 우리가 해야 할 일에 충실하고, 감사하고 기쁘게 살아가면서 다른 모든 것은 하느님께 맡겨드리면 될 것이다.

혜성

예측할 수 없이 갑자기 등장하는 혜성들이 없다면 아마도 밤하늘에 관한 이야기가 우리의 관심을 끄는 매력을 많이 잃을지도 모른다. 그런데 심심찮게 등장하는 새로운 혜성들 덕분에 인류는 천체에 관해 흥미진진한 이야기들을 계속 엮어 갈 수 있다.

아직도 알려지지 않은 소행성들이 많이 남아 있지만, 태양계 안에 존재하는 행성과 위성들의 운행에 대한 기초적인 요소들은 대부분 알려져 있다. 그래서 이들의 위치와 운행경로는 미리 알 수 있고, 이들은 예측한 대로 움직인다.

그러나 혜성은 언제 어떻게 나타날지 다 알 수 없는 존재다. 물론 86년을 주기로 나타나는 핼리혜성처럼 정체가 잘 알려져 있어 운행경로와 시간을 정확하게 예측할 수 있는 혜성들도 많이 있다. 그런데 예측하지 못한 때에 예측하지 않은 경로로 등장하는 혜성의 수가 해마다 수십 개에 이른다. 이들 중에는 지난 1996년 3월에서 4월에 걸쳐 나타났던 햐쿠다케 혜성, 이듬해인 1997년 3월에서 4월에 나타났던 헤일-밥 혜성, 2002년 4월에서 5월에 나타났던 이케야-장 혜성과 같이 지구에서 관측이 쉬웠던 혜성도 있지만, 대부분은 성능이 좋은 망원경으로나 관측이 가능한 상태로 등장했다가 다시 어둠 속으로 사라진다. 아마도 필자는 어느 교우의 농가에서 맨눈으로 관측했던 헤일-밥 혜성의 장관을 평생 간직할 것 같다.

혜성의 등장과 움직임을 미리 예측할 수 없기 때문에, 새로운 혜성을 발견하는 행운을 잡는 것은 대부분 상당한 열성과 부지런함으로 하늘을 관찰하는 사람에게 돌아간다. 그래서 어떤 새로운 혜성이 발견되면 발견한 사람의 이름을 그 혜성의 명칭으로 삼는다.

혜성의 본체는 대부분 지름이 10km 이하의 얼음덩어리와 먼지로 구성되어 있는데, 태양에 가까이 접근할수록 얼음의 증발이 심해지고 고체입자들도 가스압에 의해 방출되면서 코마와 꼬리의 모양을 만든다. 코마는 태양으로부터 1.5AU에서 갑자기 밝아져, 1AU에서 광도가 최대가 되고 길이가 수만에서 수십만 km에 달하게 된다. 1AU 이내에서는 태양 자외선이 혜성의 본체에서 분리되어 나온 물질을 분해하는 힘이 강해져서 코마가 감소한다. 꼬리는 1.5AU부터 생기기 시작하여 큰 혜성에서는 먼지꼬리가 1,000만km, 플라스마꼬리는 1억km가 되기도 한다.

혜성의 꼬리는 보통 두 줄기로 갈라진다. 하나는 플라스마꼬리로서 가늘고 태양과 반대방향으로 똑바로 뻗으며 내부에 줄무늬와 가느다란 굴곡이 있고 밝기가 고르지 않다. 다른 하나는 먼지꼬리로서 짧고 굵으며 끝이 굽어 있고 비교적 밝다. 이것은 고체입자로 구성되어 있는데 입자가 극히 작아 태양 빛의 광압을 받아 밀려서 생기는 것이다. 꼬리의 굽은 정도로 광압을 알 수 있고, 입자의 크기와 종류를 추정할 수 있다. 태양 방향으로 짧은 꼬리가 뻗은 것을 볼 수 있는 경우도 드물게 있는데, 이것을 반대꼬리라고 한다. 지구에 떨어지는 대부분의 유성은 여러 혜성의 꼬리에서 남은 물질인 것으로 추정되고 있다.

이 혜성이 어디서 유래하는지에 대해서는 학자들 사이에서 아직 의견이 분분하다. 일부 학자들은 명왕성 바깥에 있을 것으로 추정되는 오르트 구름과 쿠이퍼대를 혜성의 발상지로 보고 있다. 어떤 학자들은 태양계 생성 초기의 잔해들이 명왕성 바깥에 있는데, 이들 중 일부가 다 밝혀지지 않은 어떤 원인에 의해 태양을 향해 오면서 혜성이 되는 것으로 추정하기도 한다. 하여간 혜성의 존재와 발생과정은 아직 신비한 베일 속에 감추어져 있어 인류로 하여금 흥미를 가지고 천체 탐사에 나서도록 하고 있다.

다섯

세상과 해석

거시 세계와 미시 세계

우주의 환경에서 소개한 세계는 거시 세계에 관한 것이다. 이 거시 세계의 크기는 너무도 엄청나서 우리의 상상을 초월한다. 이 세계 안에서 태양계는 한 점에 지나지 않을 정도로 작은 존재고, 그것의 한 행성인 지구는 더욱 작은 존재며, 그 안에서 살아가고 있는 수많은 생명체들과 60억의 사람 가운데 하나인 나는 참으로 작은 존재다. 그래서 이 거시 세계를 생각하면 내 존재의 가치와 자부심을 의식하기가 쉽지 않다.

그러나 생각의 방향을 바꾸어 미시 세계를 들여다보면, 미시 세계 안에 또 하나의 거대한 세계가 들어 있다는 것을 인식할 수 있고, 나 자신이 그렇게 작기만 한 존재가 아니란 사실을 알 수 있다. 거시 세계와 비교해서는 한 알의 모래에도 미치지 못할 내 몸은 약 60조 개의 세포들로 구성되어 있다. 그리고 각 세포 안에는 핵, 세포질, 미토콘드리아, 리소좀, 리보솜, 중심립, 원형질막, 골지복합체, 퍼옥시솜, 미세필라멘트, 미세소관 조면소포체, 활면소포체와 같은 기관들이 들어 있다. 핵 안에 들어 있는

DNA에만도 30억 개가 넘는 염기가 있고, 염기들은 다시 무수한 수의 원소들로 구성되어 있다.

물질의 최소단위인 원소들은 다시 양성자, 중성자, 전자 등으로 구성되어 있다. 가장 가벼운 수소는 구조가 단순하지만 우라늄 같은 중금속은 상당히 복잡하고 전자의 수도 대단히 많다. 물리학자들은 이들 미립자의 성질과 정체를 밝혀내려는 노력을 계속하고 있다. 21세기에 들어와서 미시 세계의 영역을 다루는 나노과학에 관한 연구가 활발하게 진행되고 있다.

우리는 거시 세계와 미시 세계의 중간에 위치하고 있다. 그래서 어떤 관점으로 나를 바라보느냐에 따라 한 알의 모래에도 미치지 못할 정도로 작게 볼 수도 있고, 엄청나게 큰 또 하나의 우주로 볼 수도 있다. 미시 세계로 눈을 돌려보면, 우리 자신이 또 하나의 거대한 우주라는 생각을 하게 된다. 우리는 그렇게 작은 존재가 아닌 것이다.

60조 개나 되는 세포 안에서는 지금 이 순간에도 수많은 일들이 진행되고 있다. 산소를 이용해서 탄수화물을 에너지로 전환하고, DNA를 복제하며, 낡은 세포를 처분하고 새로운 세포를 만드는 일이 진행되고 있다. 이러한 세포들로 구성된 각 기관이 수행하고 있는 일들 또한 엄청나다. 폐, 심장, 위, 소장, 대장 등에서 호흡, 혈액순환, 소화 등이 진행되고 있고 눈, 귀, 손발, 뇌 등은 보고 듣고 움직이며 이 모든 것을 지시하고 있다. 이처럼 말로 다할 수 없는 일들이 원만히 진행되고 있어서 내가 이렇게 삶을 구가하고 있다.

우리 안의 미시 세계에서 매 순간 진행되고 있는 수많은 일들을 우리가 의식적으로 수행해 내야 하는 것이라면, 아마도 우리는 벌써 지쳐서 생명을 유지해 나가는 일을 포기하고 말았을지도 모른다. 우리가 그렇게 되지 않도록 하느님께서 이 모든 일을 알아서 해 주신다. 당신의 생각과 계획대로 우리를 만드시어 이 모든 일을 책임지신다. 그러면서 우리더러는 서로 사랑하면서 행복하게 살라고 하신다.

그런데 무엇이 부족하여 불만과 걱정으로 오늘을 보낼 것인가? 이미 받고 있는 수많은 은총이 안중에도 없다면 무엇이 더 와야 만족하며 기쁨과 행복을 느낄 수 있겠는가? 좀 더 정확한 척도를 가지고 생각하면 삶에 대한 감사와 기쁨이 가까이 보일 것이다.

미시 세계와 인식구조

우리는 오관을 통해 외부의 사물을 인식한다. 지금 내 눈앞에는 책이 있고 컴퓨터가 있으며, 일어나 밖으로 나가면 수많은 사물들이 있다. 나는 각종 사물의 크기와 무게를 짐작하고 있으며 그 경도 또한 대강 알고 있다. 공기처럼 눈으로 직접 볼 수 없는 사물도 여러 경로를 통해 존재함을 알고 있다. 우리의 두뇌는 이들을 보고 인식하도록 구성되어 있고, 우리는 이 세계에 익숙하게 길들여져 기쁨을 지니고 살아가고 있다.

그런데 이러한 우리의 인식구조가 크게 흔들린 일이 지난 20세기에 있었고, 아직도 이 문제는 제대로 해결되지 않고 있다. 이것은 바로 우리의 생활에 가장 밀접한 존재들 중 하나인 빛의 정체를 밝히는 과정에서 발생했다. 뉴턴은 빛이 입자로 이루어져 있다고 생각했다. 그러나 19세기 초반에 토마스 영이 간섭계(干涉界, interferometer) 실험을 통해 빛이 파동으로 이루어져 있음을 증명했다. 그러다가 20세기에 들어와서 아인슈타인이 빛을 어느 물체에 비추면 전자가 튀어나가는 효과를 증명하면서 빛이 입자의 성질을 가지고 있음을 증명했다. 이렇게 되자 과학자들의 머리가 복잡해졌다. 빛은 입자와 파동의 성질을 모두 가지고 있는 것이다. 이것이 도대체 무엇인가? 아직도 의문을 가지고 그 정체를 완전히 규명하고자 탐구하는 사람들이 많다.

그런데 빛만 그러한 것이 아니라, 우리가 부피를 잴 수 있고 무게를 측정할 수 있으며 경도를 측정할 수도 있는 온갖 사물을 깊이 들여다보면 그 사물을 이루는 기초단위인 전자가 이러한 성질을 가지고 있음을 알게 된다. 사람들은 오랫동안 전자는 마치 지구가 태양을 도는 것과 같은 형태로 양자를 중심으로 뚜렷한 모양새를 갖추고 돌고 있는 것으로 생각했다. 그러나 독일의 W. K. 하이젠베르그가 양자역학의 기초를 이루는 불확정성의 원리를 발표한 덕분에 전자가 그런 형태를 갖춘 존재가 아니란 것을 알게 되었다. 양자 주위를 빛처럼 빠른 속도로 움직이고 있는 전자가 어디에 있을 것인지 위치를 대강 짐작은 할 수 있어도 정확하게 어디에 있는지는 결코 알 수 없다. 그 이유는 전자가 입자와 파동의 성질을 동시에 가지고 있기 때문이다.

인류는 오래 전부터 물질의 본질을 알고자 하여 많은 탐구를 해왔다. 세상은 물, 불, 공기 그리고 흙으로 이루어졌을 것으로 추측한 그리스 철학자들의 생각을 비롯해 수많은 철학자들의 이 문제에 대한 생각들을 여기서 군이 언급할 수도, 언급할 필요도 없을 것이다. 물질의 본질에 대한 탐구를 깊이 해 들어가면, 우리의 인식능력을 초월하는 존재를 만나게 된다. 우리의 두뇌는 입자인 동시에 파동인 빛이나 전자와 같은 존재의 본질을 인식할 수 있는 능력을 가지고 있지 않다. 그래서 물질의 본질이 무엇인가를 정확하게 알 수 없는 것이다. 자연에는 우리가 그 정체를 알지 못하는 것이 무수히 있다. 다른 동물들이 인식하는 요소들을 인간인 우리는 인식할 수 없는 경우도 있다. 과학을 맹신하는 사람은 과학으로 모든 것을 밝혀낼 수 있을 것처럼 믿고(!) 큰소리들을 치지만, 그는 여기저기서 탐구의 한계를 만나 자신의 맹신에 문제가 있음을 느낀다. 물질은 물질대로 호기심 강한 인간의 지성적 폭력으로부터 자신을 지켜나가기 위한 전략을 갖추고 있는 것이다.

여기에서도 우리는 결국 믿음의 단계로 넘어가지 않을 수 없는 처지에 놓여 있음을 알 수 있다. 그 정체를 알 수 없는 것으로 구성된 물질들을 대하는 우리의 의식 저 밑바닥에는 믿음이 가득 깔려 있다. 내가 기대한 대로 작용할 것이라는 물질에 대한 믿음, 그 물질들로 구성된 이 세계와 이웃에 대한 믿음 그리고 이 모든 것을 만드신 창조주께 대한 믿음! 우리 마음에서 믿음을 제거하면 이 세상을 단 한 순간도 살아갈 수 없다.

세상과 해석

내 앞에 이 세상이 있다. 이 세상은 내가 가까이에서 쉽게 볼 수 있고 편안함을 느낄 수 있는 일상의 물건들, 집, 거리, 산과 하늘부터 거대한 은하와 우주로 구성되어 있고, 또한 내 몸 안의 60조 개가 넘는 세포를 비롯하여 수많은 미생물과 원소들로 구성되어 있다. 한 마디로 거시 세계와 미시 세계로 구성되어 있다.

그런데 이 거시 세계를 채우고 있는 엄청난 크기의 물질들도, 미시 세계를 채우고 있는 온갖 미세한 생명체와 원소들도 나에게 아무런 말을 하지 않는다. 나의 삶이 어디서 유래하느냐고 물어 보아도, 삶의 의미는 무엇이냐고, 인간은 무엇이냐고, 죽음 다음에는 어떻게 되느냐고, 그리고 나아가 신이란 과연 존재하는 거냐고 물어 보아도 아무런 답이 없다. 이런 질문에 대해 존재 사물들은 절대적 침묵만을 지키고 있다. 북한의 주민들이 저렇게 굶주려 죽어 가도 되느냐고 물어 보아도 여전히 답이 없다. 굳이 윤리적인 삶을 살아야 할 이유가 어디 있느냐고 물어도 역시 말이 없다.

거시 세계와 미시 세계를 통틀어 말다운 말을 할 수 있는 존재는 나와 나의 주변에 있는 사람들뿐이다. 삶에 의미가 있다거나 없다고 말하는 것도 나와 주변의 사람들이고, 죽음 다음에 무엇이 있다거나 없다고 말하는 존재도 역시 그러하며, 하느님이 있다거나 없다고 말하는 이도 여전히 그러하다. 어떤 사람은 자연을 보면서 창조주 하느님을 느끼고, 어떤 사람은 자연만이 존재할 뿐 그 이상의 것은 인간의 상상이 그려낸 허상일 뿐이라 여긴다. 같은 우주를 여행하고 온 우주인들마다 그것을 창조하신 하느님께 대한 반응이 다르다. 유리 가가린은 우주 어디에도 신이란 존재는 없더라고 했고, 존 글렌은 우주에서 하느님의 창조 신비를 더욱 분명히 볼 수 있었다고 했다. 유리 가가린에게는 하느님은 존재하지 않는 허상에 지나지 않았고, 존 글렌에게는 하느님이 엄청난 존재이셨다.

이 사실에서 우리의 인식과 마음이 세상을 이해하고 해석하는 데 큰 역할을 하는 것을 알 수 있다. 우리는 객관적 사물을 현재 우리가 가진 오관이 지닌 능력으로 감지하면서 우리의 이성과 의지와 감정이 보고 싶은 대로 보고 해석하고 싶은 대로 해석하는 것이다. 이런 의미에서 세상을 바라보고 이해하는 데에 있어서 우리는 단순히 수동적인 존재가 아닌 것이다.

삶에 의미가 있다고 보고 싶은 사람이 삶을 의미가 있는 것으로 보고, 죽음 이후에 새로운 삶이 있기를 희망하는 사람이 그러한 삶에 대한 믿음을 지니며, 하느님이 계시기를 원하는 사람이 하느님의 존재를 믿는 것이다. 또한 삶에 의미가 있다고 믿는 사람에게 삶이 좀 더 의미 있게 다가오고, 죽음 이후에 영원한 삶이 있다고 믿는 사람에게 영원한 삶에 대한 희망이 다가오며, 하느님께서는 당신을 믿는 사람에게 더욱 분명하게 다가오신다.

이러한 의미에서 우리의 믿음은 하느님의 창조에 한 몫을 하는 참으로 소중한 존재다. 하느님께서는 누구에게도 강요하지 않으신다. 나는 하느님께서도 나의 자유를 존중해 주시는 자유로운 사람이며, 나의 믿음은 외부에서 강요된 수동적인 것이 아니다. 나의 온 삶과 인격을 동원한 또 하나의 창조행위다. 나는 외부의 누군가가 뛰어난 이론과 모범적인 실천으로 신앙을 나에게 확신시켜 주어야만 하는, 그렇게 될 때까지 그저 가만히 있어도 되는 수동적인 존재만이 아니다. 나는 내 삶의 주인공이고 내가 생각하고 믿고 행동하는 모든 것의 주인이다. 주인공으로서 세상을 바라보는 나에게 이 세상도 삶도, 이웃과 하느님도 큰 의미로 다가오는 것이다.

생명의 정체와 아담이 준 이름

얼마 전 대구관구 가톨릭 교수회에서 주관하는 세미나에 초청되어 '환경과 영성'에 관한 강의를 했다. 이 강의에 대한 교수님들의 반응이 좋아 보람을 느낄 수 있는 상황이었는데, 그 자리에 함께했던 생물학 전공 교수님 한 분이 질문이 있다면서 다가와 진지한 표정으로 "생명은 도대체 무엇입니까?"라는 화두를 꺼냈다. 그분이 어떤 고심을 하셨는지 인간적 사고와 탐구의 어떤 한계에 봉착해 보셨는지 공감할 수 있었기에 깊은 연민의 정을 느꼈다. 나 역시 그 같은 고심을 오랫동안 해왔기에 그분의 노고와 고심을 금방 이해할 수 있었던 것이다. 이 지면을 통해 그분께 답을 드릴 겸 내가 그간 이 문제에 대해 고심하고 탐구하여 정리한 것을 소개할까 한다.

창세기 2장 18절 이하에 다음과 같은 구절이 있다. "야훼 하느님께서는 … 들짐승과 공중의 새를 하나하나 진흙으로 빚어 만드시고, 아담에게 데려다 주시고는 그가 무슨 이름을 붙이는가 보고 계셨다. 아담이 동물 하나하나에게 붙여준 것이 그대로 그 동물의 이름이 되었다."

누구에게 이름을 붙여 준다는 것은 매우 큰 의미를 가진다. 갓 태어난 아기에게 어떤 이름을 주느냐는 것은 그 아이의 일생에 큰 영향을 미칠 수 있는 중요한 일이기 때문에 대개 집안에서 가장 어른이신 할아버지나

큰아버지 또는 아이의 아버지가 이름을 정한다. 이와 마찬가지로 동식물을 비롯한 사물들에게 이름을 붙여 주는 것은 그 존재의 본질을 접하고 규정하는 일이다. 그래서 학자들은 지금까지 발견되지 않은 새로운 종류의 생물이나 물질을 발견하면 이름을 붙이는 데에 매우 신중한 자세를 갖는다.

하느님께서 당신이 만드신 생명체들을 아담 앞으로 데리고 오셔서 아담으로 하여금 이름을 붙이게 하시고, 아담이 붙인 이름이 그대로 그 생명체의 이름이 되었다. 하느님께서 아담으로 하여금 이름을 붙이게 하신 것은 그 생명체의 본질이 무엇인가를 규정하게 하신 것이기도 하다.

그런데 생명의 정체는 무엇인가? 이 질문에 대답할 수 있는 존재는 누구이며, 어떤 대답이 가능할 것인가? 현대의 생물학자들은 생명체의 구조와 작용원리에 대해 비교적 소상히 알고 있다. 보통 사람들이 짐작할 수 있는 것보다 훨씬 더 깊이 알고 있다. 인간의 유전자 지도를 만들 수 있는 단계에 이르러 있고, 앞으로 더 알아낼 가능성은 짐작이 불가능할 정도다.

그럼에도 불구하고 살아서 끊임없이 활동하고 증식하는 생명체의 정체에 대해서는 알지 못하고 있다. 생물학자들은 아직도 생명체의 구조와 작용원리를 탐구해 나가면 그 정체를 밝혀낼 수 있을 것으로 기대를 하고 있는 듯하다. 그러나 생명의 정체를 알아내는 것과 생명체의 구조와 작용원리를 알아내는 것은 같은 차원의 일이 아니다. 생명체의 구조와 작용원리를 알기 위해 인간이 지금까지 수행해 온 방식으로 아무리 더 탐구하고 아무리 더 많은 지식을 쌓아 간다 해도 생명의 정체에 대한 답을 얻어낼 수 없다. 그것은 나의 작용을 제외한 외부에서 해답을 던져 줄 수 있는 문제가 아니기 때문이다. 여기서 우리는 아담이 한 일을 해야 한다. 아담은 하느님이 만드신 동물들에게 이름을 붙여 주어 그 동물의 본질을 규정했다.

그렇다면 나는 이 생명의 정체를 무엇으로 보고 싶은가? 여기에 생명의 정체에 대한 답이 들어 있다. 이 우주 어디에서도 이 문제에 대한 답을 들을 수 없다. 다른 사람이 던져 주는 해답으로도 속이 시원하진 않다.

내가 어떻게 보고 싶은가, 어떻게 보는가가 정립되어야 한다. 우리는 이 문제에 단순히 수동적인 존재이지만은 않기 때문이다. 우리는 우리 스스로 생각하는 것보다 훨씬 더 위대한 존재다. 하느님의 창조사업에 동참하도록 불린 존재인 것이다.

믿음과 상식

우리가 어떤 것을 믿는다고 할 때, 여기에는 외부의 객관세계에 대한 주관세계의 작용이 상당히 들어 있다. 우리는 '2+2=4'라는 사실을 믿는 것이 아니라 사실로 받아들인다. 여기에는 믿음이 개입할 여지가 없고 믿음을 동원하는 수고를 할 필요도 없다. 이것은 남녀노소, 인종과 종교 그리고 시대를 초월하여 어느 누구에게나 기정사실인 것이다. 이 사실은 우리의 자유와 결단이 개입할 공간을 전혀 허용하지 않고 우리의 지성을 구속한다.

그러나 믿음은 이와는 다른 성격을 갖는다. 믿음은 믿는 사람의 지성과 자유와 인격을 동원한 행위다. 내가 어떤 사람을 믿는다고 할 때, 나는 나의 지성과 의지와 인격을 동원해 그를 믿기로 결단한 것이다. 내가 그를 반드시 믿어야만 하는 것은 아니다. 의심하고 받아들이지 않을 수도 있다.

이것은 하느님을 믿을 경우에도 마찬가지다. 나는 하느님의 존재를 부정하고 믿지 않을 수도 있다. 그렇다고 하여 하느님께서 나에게 금방 어떤 벌을 내리시는 것도 아니고 무엇이 잘못되지도 않는다. 삶은 그런대로 흘러간다. 이것이 우리 주변의 하느님을 믿지 않는 수많은 사람들이 별

탈 없이 살아가는 이유다. 심지어 주민의 대부분을 굶주림에 몰아넣고도 배불리 먹고사는 독재자가 하느님의 벌을 받지 않고 여전히 건재하는 이유도 여기에 있다. 하느님께서는 강요하거나 압박하지 않으신다.

이것은 믿음의 종류에도 해당한다. 어떤 사람은 좀 더 열심히 믿고 어떤 사람은 대충 믿고 산다. 어떤 사람은 꿈이나 현실에서 성모님을 보았다거나 예수님을 보았다고 하고, 다른 어떤 사람은 그런 특별한 종교적 체험을 전혀 하지 못했다고 한다. 이런 경우 대개는 그런 체험을 간절히 원한 사람이 그런 체험을 하고, 크게 필요로 하지 않는 사람은 그런 체험을 하지 않는다. 특별한 체험을 했다는 사람도, 그렇지 않은 사람도 그런대로 살아간다. 믿음이 문제가 되는 경우는 일반 상식과 어떤 관계를 맺느냐에 달려 있다.

자연과학적 또는 수학적 진리와는 달리 상식은 시대와 문화권 그리고 주변 상황에 따라 변할 수 있는 것이다. 예를 들어 지금 우리가 입는 옷을 5백 년 전에 입고 길에 나섰더라면 모두들 쳐다보는 상황에 처했을 것이다. 여름날 해수욕장에서는 괜찮을 수영복을 입고 지하철을 탈 경우에도 그러할 것이다. 상식은 사람들이 보편적인 삶을 살아갈 수 있도록 형성한 서로 간의 약속과 같은 것이다. 이 경우의 기본적인 척도는 일반 사람들의 삶에 유익하거나 최소한 불편을 끼치지 않을 정도의 생각과 행위다.

믿음은 한 사람의 지성과 자유 그리고 인격을 동원한 중대한 결단이다. 그러므로 우리는 서로 상대방의 믿음을 존중하고 신앙의 자유를 인정한다. 어떤 사람이 가진 건강한 믿음과 신념은 자신을 구원할 뿐만 아니라, 때로는 그가 속한 공동체나 국가를 구할 수도 있다. 우리 가톨릭교회가 가진 믿음은 인류에게 구원의 빛을 비추고 있다.

그러나 이 믿음이 일반적인 상식의 선을 벗어나 다른 사람들의 삶에 큰 부담을 줄 때에는 진지한 검토의 대상이 되고 만다. 어떤 특수한 종교체험을 했다고 주장하는 경우에도 그것이 자기를 높이거나 돋보이게 하려는 목적으로 그러할 경우에는 불신과 심각한 검토의 대상이 된다. 그러나 파티마나 루르드에서의 성모 발현 체험과 같이 실제로 체험한 사실을 어떠한 불이익이 와도 꾸준히 증언하면서 증언을 듣는 사람들의 영적 삶에 큰 풍요를 가져다줄 경우에는 믿음의 대상이 된다.

진화와 창조

성서에서 천동설의 세계관으로 전하는 세상 창조 이야기를 오랫동안 글자 그대로 믿고 있던 교회가 19세기에 접어들어 찰스 다윈이 진화론을 발표하자 상당한 어려움을 갖게 되었다는 사건은 많은 사람이 알고 있다. 아직도 성서해석학이 현대와 같이 충분히 발전하지 못했던 당시, 진화론과 이것을 바탕으로 한 무신론은 교회에 커다란 도전이었고, 교회는 어떻게 응해야 할지 잘 몰라 당혹해 했다. 그러면서 일부에서는 세상은 하느님께서 창조하신 것이 분명한 만큼 진화론은 하나의 가설에 지나지 않는 것으로서 특별히 재고할 가치가 없는 것으로 평가하기도 했다.

이러한 평가를 들은 당시 진화론자들은 더욱더 기세를 올려 창조론과 그것을 주장하는 교회를 공격했다. 19세기 후반과 20세기 전반은 진화론자들과 창조론자들 간에 대화보다는 싸움이 횡행했던 시기로 볼 수 있다. 그러다가 테이야르 드 샤르댕 신부가 진화론을 수용하는 창조론을 발표함으로써 양편이 서로 대화할 수 있는 장이 마련되었다. 그 이후 진화론자들과 창조론자들의 대화는 늘어갔으며, 이 대화는 아직도 진행 중에 있다. 양측의 주장을 들어보면 서로 팽팽하다. 어느 한 쪽도 만만하지 않아 평행선을 긋고 있다. 진화론자들의 주장도 나름대로 일리가 있고, 창조론자들의 주장도 일리가 있다. 이 대화가 앞으로 어떻게 진행될지 많은 사람들이 궁금해 하고 있다.

그런데 창조론만이 절대적인 진리임을 주장하면서 진화론을 전혀 수용하지 않을 듯하던 교회가 근래에 들어 진화론을 단순한 가설로만 보지 않고 있다. 요한 바오로 2세 교황께서는 "진리와 진리는 상호 모순될 수 없다"고 말씀하시면서 여유 있는 자세로 자연과학자들의 연구와 주장을 존중하고 있다.

교황님은 "교황 비오 12세가 발표한 교황 칙서「인류의 기원」에서 인류와 인간의 소명에 관한 신앙적 교리와 진화 사이에는 아무 충돌이 없음을 이미 천명한 바 있습니다"라고 말씀하시면서, "이 교황 칙서가 출판된 이후 거의 반세기가 지난 오늘날, 새로운 지식은 우리로 하여금 진화가 하나의 가설 이상이라는 것을 깨닫게 하고 있습니다. 지식의 다양한 영역에서 이루어진 일련의 발견을 통하여 학자들이 이 이론을 더욱 잘 받아들이게 된 것은 실로 놀라운 일입니다. 그렇게 의도하지도 않았고 일부러 조작하지도 않았음에도 불구하고, 독자적으로 수행된 연구 결과들이 서로 일치했다는 사실 그 자체가 이 이론을 지지하는 중요한 증명이 되었습니다"라고 말씀하셨다. 이어서 "모든 인간이 육체 속에 이러한 위엄을 간직하게 된 것은 영적인 영혼 덕분입니다. … 인간 육체가 기존의 생명체로부터 기인했다고 하더라도 영적인 영혼은 하느님께서 곧바로 창조하신 것입니다. … 관찰 과학자들은 생명의 복잡한 현상들을 시간의 진행에 맞추어 더욱더 정확하게 기술하고 측정합니다. 영적인 것으로 이행하는 순간은 이런 관찰의 대상이 될 수 없습니다. … 형이상학적 지식, 자아의식과 자아성찰, 도덕적 양심, 그리고 심미적·종교적 경험 등은 철학적 분석과 반성의 능력에 속한 것이며, 신학은 창조주의 계획에 따라 그 궁극적인 의미를 밝혀냅니다"라고 말씀하셨다.

그런데 무신론적 진화론자들은 인간의 영혼도 하느님으로부터 유래하는 것이 아니라 물질에서부터 진화한 것에 지나지 않는다고 주장하고 있어서, 이들과 앞으로 좀 더 깊은 대화가 있어야 할 것으로 생각된다. 앞으로 과학적인 탐구가 아무리 깊이 진행되더라도 여전히 진화와 창조의 문제는 인간이 어느 쪽으로 보고 싶은가 하는 결단의 문제로 남을 것 같다. 분명한 것은 이러한 대화가 열을 내며 진행될수록 세상과 인간에 대한 이해가 깊어지고, 그 신비가 더욱 돋보일 것이란 사실이다.

빅뱅과 창조

1929년, 우주를 관찰하던 허블은 우연히 은하들이 서로 멀어져 가고 있다는 사실을 발견하게 되었다. 이것은 당시 대단한 발견으로서 인류가 가진 세계관을 다시 한 번 흔들어 놓았다. 이전까지는 우주는 그 크기가 고정된 것으로 알고 있었기 때문이다. 은하가 서로 멀어져 간다는 것은 우주가 계속 팽창하고 있다는 의미다.

이 사실을 알고 난 뒤, 일부 학자들이 우주의 팽창 속도를 역으로 계산하여 우주가 시작된 연대를 약 150억 년 전으로 파악하게 되었다. 그리고 더 나아가 최초에 고도로 압축된 에너지 형태에서 영어로 'big bang', 독일어로 'Urknall', 우리말로 '대폭발'이라고 하는 사건으로 우주가 시작되었다는 가설을 내놓았다. 그러면서 인류는 우주가 시작되던 최초 수 초 동안에 이루어진 일 이후에 일어난 모든 것을 다 알고 있고 더 탐구해 낼 수 있는데, 처음 수 초 동안에 일어난 일을 아직 정확히 알지 못하고 있다고 하였다.

오늘날도 스티븐 호킹을 비롯한 많은 천체물리학자들이 이 신비의 열쇠를 풀어 보려고 많은 노력을 하고 있다. 이들이 어떤 방식으로 이 문제를 풀어 갈지, 과연 풀어낼 수 있을지 나 역시 매우 궁금하다. 최근 들어 어떤 물리학자는 최초의 빅뱅에서 거꾸로 더 나아가, 현재의 우주 이전에 이미 우주가 있었으며 이 빅뱅은 최초 빅뱅이 아니라 이미 여러 차례 되풀이된 것 중 하나에 지나지 않는다는 의견을 내놓고 있다. 이 의견도 상당히 흥미롭고 관심이 간다.

또 어떤 물리학자는 점, 면, 공간, 시간 등 4차원으로 구성된 우리 지구는 11차원으로 구성된 우주의 한 면에 붙어 있는 것에 불과하다는 의견을 내놓아 언론의 주목을 받기도 했다. 또 어떤 학자는 우리의 우주가 유일한 것이 아니라 이와 같은 우주가 셋, 넷 또는 그 이상이고, 이것들이 서로 연결되어 있으며 교류하고 있다고도 한다. 이 이론도 상당히 재미있고 그럴 듯하다. 또한 다수 학자들의 견해에 의하면, 이 우주에는 은하의 중심과 같은 곳에 블랙홀이 있는데, 이 홀은 중력이 워낙 강해 주변 항성들을 끌어들일 뿐 아니라 빛조차도 블랙홀을 벗어날 수 없다고 한다.

이 모든 이론들이 앞으로 또 어떻게 전개되어 나갈지 흥미롭고 궁금하기 그지없다. 그런데 현재 살아 있는 천체물리학자 중 가장 으뜸이라는 스티븐 호킹이 아직도 노벨상을 받지 못하고 있다. 노벨상을 받아도 벌써 받았어야 하는 사람임에도 불구하고 아직 노벨상을 받지 못하고 있는 데에는 이유가 있다. 노벨상은 실험으로 검증이 되는 실질적인 새로운 사실을 발견했거나 이론을 확립한 학자에게 주는데, 이 거시 세계를 언급하는 학자들의 이론을 검증할 가능성이 없는 것이다.

아마 이러한 거시 세계에 대한 이론들은 앞으로 상당한 기간 검증을 받기 어려울 것이고, 학자들은 앞으로도 기상천외한 새로운 이론들을 발견했다면서 우리를 즐겁게 할 것이다. 이런 학설들은 학자들에게 매우 흥미로운 탐구의 대상이 되어 그들에게 즐거움을 주고, 우리 보통 사람들에게는 사고의 지평을 넓혀 주고 우주의 신비에 더욱더 관심을 갖게 해 주어서 좋다.

그런데 인간이 어떤 탐구를 하든 간에 거시 세계는 저만치에서 아무 말 없이 미소를 짓고 있다. 거시 세계는 그 엄청난 크기로 인간의 호기심과 이성 그리고 과학문명의 힘으로부터 자신을 지켜 나갈 것이다.

그런 이 세상을 나는 무척 좋아하고, 이것을 만들어 주신 하느님께 감사드리며, 그 안에서 살아가고 있는 나와 이웃의 삶을 사랑한다. 그래서 늘 깨어서 살고 싶다. 이런 탐구와 사유를 하는 것도 깨어 살아가기 위한 노력의 일환이고, 글로써 독자들에게 전달하는 것은 나눔과 대화의 한 과정이다.

하늘과 하느님의 나라

요한으로부터 세례를 받으시고 난 뒤, 광야에서 사십 일 동안 사탄의 유혹을 견뎌내신 예수님은 갈릴래아로 가셔서 "때가 차서 하느님의 나라가 가까이 왔다. 회개하고 복음을 믿어라"라고 말씀하시면서 공생활을 시작하셨다. 이때 예수님께서 선포하신 하느님의 나라에 대한 관심은 이 말씀을 직접 들은 사람들과 초기 교회 그리고 그 이후의 교회 안에서 살던 사람들과 오늘을 살아가는 사람 모두 언제나 크게 지니고 있다. 사람은 자의식을 가져 자신의 삶과 죽음, 유한성을 인식하는 존재기 때문이다.

하느님의 나라의 정체는 무엇이며, 어디에 어떤 모습으로 존재하는 것일까? 때가 찼다는 것에 대한 예수님의 생각은 어떤 것일까? 그분이 생각하신 하느님의 나라는 어떤 것이며, 어디에 어떻게 다가와 있는 것일까? 또한 당신이 이해하신 복음은 어떤 것인가? 하느님의 나라가 다가왔다는 말씀 자체가 복음인가? 아니면 어떤 내용이 따로 있는 것인가? 예수님은 이러한 것에 대해 깊고 분명한 생각을 갖고 계셨을 것이고 사람들에게 가르쳐 주셨을 것이지만, 지적 호기심이 많은 현대인이 만족할 만큼의 충분한 설명을 복음서에서 읽을 수는 없다. 이 질문들에 대해 신학자들이 고찰해 놓은 것을 어느 정도 살펴보자면 상당한 학문적 수준을 갖추어야 할 것이다.

지구의 중력을 이겨내고 하늘로 오를 수 있는 교통수단을 가지지 못했던 시절에는 오랫동안 하느님의 나라가 저 높은 하늘 어느 곳에 있을 것으로 생각했음을 우리는 신앙고백 양식들과 수많은 문헌을 통해 알 수 있다. 그 당시 사람들은 그 정도의 표상으로도 큰 갈등을 느끼지 않고 그들의 신앙생활을 해 나갈 수 있었던 것 같다.

　그러나 오늘날 비행기를 타고 하늘 높은 곳에서 지상을 내려다보는 것은 원하기만 하면 누구나 체험할 수 있는 일이고, 특수한 훈련을 받은 다수의 사람이 우주선을 타고 지구궤도를 도는 경험을 했고, 개중에는 달까지 다녀온 사람들도 있다. 이들이 전해 준 여러 자료와 체험고백을 접한 현대인은 이제 하늘 저 높은 곳에 하느님의 나라가 존재하지 않는다는 사실을 알고 있다. 아직도 신앙생활에서 접하는 신앙의 표상과 언어들에서 우주선이 개발되기 이전의 표상과 언어들을 자주 접하게 되는 현대인들의 마음속에 이런 저런 갈등과 혼란이 일어날 것은 쉽게 짐작이 가는 일이다.

　이런 시대에 다시 한 번 물어 본다. 예수님이 선포하신 하느님의 나라는 어디에 있는 것일까? 자연과학을 발전시켜 응용한 기술로 로켓을 만들어 하늘을 뚫고 나아가 달에 다녀온 자연과학자들은 하느님의 나라를 지나서 달에 다녀온 것일까?

　이들이 전하는 각종 보고를 접해 보면, 이들은 달에는 다녀왔지만 하느님의 나라에는 다녀오지 못한 것이 분명하다. 그리고 자연과학으로 달에는 다녀올 수 있지만 하느님의 나라에는 다녀올 수 없는 것이 분명해 보인다. 하느님의 나라는 첨단으로 발전하는 과학기술과 특수한 훈련을 받은 뛰어난 사람들만이 갈 수 있는 나라가 아닌 것이다. 그리고 그 나라는 아무도 갈 수 없을 만큼 달보다 더 멀리 있는 것도 아닌 것이 분명하다. 회개하고 복음을 믿으면 그 나라에 갈 수 있음을 예수님이 말씀하셨기 때문이다.

이러한 사실들을 종합하면, 하느님의 나라는 바로 나와 이웃 안에 있다. 그리고 그 나라에 가는 것은 그리 어렵지 않다. 회개하고 복음을 믿으면 언제든지 갈 수 있다. 내가 원하기만 하면 하느님의 나라는 현재 이 순간 내 안에서 전개될 수 있고 이웃으로 확산될 수도 있다.

우주와 사랑

한번은 오스트리아의 아드몬트Admont 수도원에서 친구인 가브리엘 신부와 알프스 물의 품질에 대해 대화를 나눈 적이 있다. 그 대화는 자연스럽게 물의 기원으로까지 옮겨가게 되었다. 나는 "공기인 수소와 산소가 결합하여 모든 생명체를 살리는 작용을 하는 물이 만들어졌다니 참으로 신기하고 신비롭다"고 하면서, "물이 어떻게 만들어졌으며 어찌하여 지구 표면에 이렇게 많이 있을까?"라는 말을 던졌다. 그러자 가브리엘 신부는 "나는 그것이 어떻게 만들어졌는가에 대해서보다는 지금 이곳에 있다는 사실이 중요하고 감사하게 생각해"라는 응답을 했다.

이런 말을 들은 나는 '20년 동안 친구로 사귀고 있지만 서로의 의식 구조가 여전히 다르구나'라는 생각을 하면서, 그 친구의 편한 속이 부럽기도 했다. '역시 수도회신부의 영성이 교구신부의 영성보다 더 하느님께 가까이 가 있나 보다'라는 생각도 들었다. 그 대화 이후 내 머릿속에는 지적 호기심이 많아 이것저것 알기 위해 매일 애를 써야 직성이 풀리고 보람을 느끼는 나의 삶과, 주어진 자연 속에서 잘 다듬어진 수도원의 건물과 일터 그리고 규칙과 더불어 하루하루의 삶을 단순하고 감사하게 살아가는 가브리엘 신부의 삶이 오랫동안 비교되어 남아 있었다.

그런데 거시 세계와 미시 세계로 구성된 우주 자체는 아무런 말이 없다. 물을 비롯한 모든 사물의 기원과 그 성격에 대해서 어떤 설명도 하지 않는다. 우주는 그 안의 모든 것들과 함께 말없이 존재하고 있다. 그러면서 우리의 목숨이 유지되도록 공기, 물, 음식물 등 많은 요소들을 끊임없이 공급하고 있다. 어떤 대가나 감사의 말을 요구하지 않고 그냥 그대로 있다. 의미가 있다고도 하지 않고 없다고도 하지 않는다. 우리를 사랑한다고도 하지 않고 사랑하지 않는다고도 하지 않는다.

우주의 존재와 우리의 존재에 대해 의미와 사랑을 부여하는 것은 바로 나의 일이다. 내가 사랑을 가지고 있으면 이 우주 전체가 사랑으로 가득 찬다. 우주가 존재하는 것도, 생명체들을 끊임없이 먹여 살리는 것도, 내가 이렇게 살아가는 것도 모두가 사랑에서 비롯된 행위의 결과가 된다. 모든 것이 사랑으로 번성하고 있다.

내 안에 사랑이 없으면, 모든 것 안에 사랑이 없다. 이 우주 안에 사랑이란 없는 것이고, 우주는 그냥 그대로 있는 것일 뿐이다. 다른 어떤 것도 아닌 냉혹한 법칙에 따라 질서정연하게 움직이는 존재에 지나지 않는 것이다. 하느님의 존재나 사랑이란 것도 말이 안 되는 헛소리에 지나지 않는다. 내가 그것을 공감하고 인식할 의식구조를 지니지 않고 있다면 설사 그분이 사랑으로 다가오신다 해도 나는 그것을 인식해 내지 못한다.

내 안에 든 사랑이 모든 것을 사랑으로 물들인다. 또한 사랑으로 다가오는 분들의 사랑을 인식하고 받아들인다. 내 안에 사랑이 있을 때, 사랑이신 하느님께서 나에게 사랑으로 다가오시는 것을 사랑으로 맞이하게 되고, 하느님께서 이 온 우주를 사랑으로 창조하셨다는 사실을 알게 된다. 그래서 사랑은 모든 것을 살리고 모든 것에 의미를 부여하는 것임을 알게 된다. 내 안에 든 사랑이 절대적인 침묵 속에 냉혹하게 있는 듯이 보이는 우주에게 말을 걸어, 이 우주로 하여금 나를 사랑하게 하고 밝은 대낮과 별이 총총한 밤을 믿음으로 대하게 한다.

사랑은 나와 이웃, 우주와 하느님을 의미 있게 하고 함께 살게 한다. 그런데 문제는 내 안에 어떤 사랑이 어느 정도의 강도로 있느냐는 것이다.

정보와 보배

약 5,000년 정도 지속되어 온 문명시대에 인류가 쌓아 올린 지식과 기술의 양과 질은 대단하여 오늘을 살아가는 사람들이 그 혜택을 톡톡히 보고 있다. 농경사회부터 현대 사회까지 다 겪은 70대 중반의 농부 한 분께 그동안 살아온 삶의 형태 중에 어느 삶이 가장 좋으냐고 여쭈어 보니 단연코 지금 살고 있는 삶이라고 대답하셨다. 필자와 같이 환경보호를 부르짖는 작업을 좋아하는 사람도 3-40년 이전의 삶으로 돌아가서 살기는 쉽지 않을 것 같다.

그런데 우리의 삶을 편리하게 해 주는 수많은 지식과 정보들이 오늘날에 와서는 한편으로 상당히 부담스러운 존재가 되고 있다. 엄청난 양의 지식과 정보들을 배워 익혀야 하는 초·중·고등학교 그리고 대학의 학생들을 보면 그들이 감당해야 하는 수고가 날로 커지고 있어 안쓰러운 마음이 든다. 다섯 살에 할아버지로부터 천자문을 배우기 시작하여 50을 바라보는 이 날까지 책과 배움을 멀리하지 않은 필자는 늘어만 가는 지식의 양에 살아 갈수록 더 휘둘리는 것을 느낀다. 배워 익힐 수 있는 것보다 훨씬 더 많이 쏟아져 나오는 지식들에 짓눌릴 지경이다. 이 글을 쓰고 있는 컴퓨터가 문제를 일으키면 속수무책이어서 다른 사람의 도움이 없으면 여간 곤란한 일이 아니다.

넘쳐나는 정보 때문에 웬만한 정보는 기억의 창고에 저장되지 못하고 이내 잊히고 만다. 세상을 살아가기 위해 배우고 익혀야 할 것이 너무나 많고, 이들을 제대로 챙기지 못하여 경쟁에서 뒤떨어지면 생존에도 지장이 많다. 그래서 다른 사람들에게 관심을 둘 여유가 점점 줄어들어, 이웃과의 올바른 관계를 맺고 유지하기가 힘들어진다. 심지어 한 가정 안에서조차 가족 구성원들 간에 대화할 시간을 갖기가 점점 힘들어진다. 새로운 정보를 찾고 익히느라 모두 바쁘다.

이제 우리는 많은 지식과 정보를 쌓는 것만으로는 세상을 살아내고 다가오는 문제들을 해결할 수 있는 상황에 있지 않다. 이러한 상황에서 필자에게 소중하게 떠오르는 말은 "구슬이 서 말이라도 꿰어야 보배다"라는 속담이다. 넘쳐나는 지식과 정보를 나의 삶과 직업에 올바르게 사용할 수 있도록 필요한 것만 현명하게 골라서 잘 꿰어야 할 것 같다.

　이렇게 하려면 전체를 바라볼 수 있는 안목, 사물과 사건을 깊이 들여다볼 수 있는 통찰력, 골고루 관찰하고 올바른 것을 선택할 수 있는 균형 잡힌 감각과 판단력, 더 좋은 것은 붙잡고 덜 좋은 것은 과감히 버릴 줄 아는 열리고 비우는 마음, 그 외에 여러 가지 덕목들이 요청된다. 이러한 것을 어느 정도 해낼 수 있느냐에 따라 그 사람의 삶의 질이 정해진다.

　오늘날 우리 마음의 환경이 과거 어느 때보다 더 중요해진 이유 중 하나가 여기에 있다. 수많은 지식과 정보 그리고 풍부한 물질은 아직 꿰어지지 않은 구슬에 지나지 않는다. 이들이 우리 삶의 양과 질을 높이면서 구원을 가져오는 도구가 되느냐, 우리 몸과 정신을 지치게 하고 삶의 시간을 온통 잠식하느냐는 우리가 어떻게 꿰느냐에 달려 있다.

　예수님의 말씀과 행적에서 출발하여 2천 년 교회 역사 안에 있었던 수많은 성인성녀들의 삶과 가르침에 의해 발전하고 풍부하게 된 그리스도교의 영성이 지식과 정보의 구슬들을 잘 꿰는 데에 큰 도움을 줄 수 있다.

　필자는 자연환경을 위한 글과 더불어 마음의 환경을 위한 글을 계속하면서 필요할 경우에는 언제든지 교회 안의 풍부한 영성의 샘에서 맑고 신선한 물을 길어 올릴 것이다.

잡념과 창조적 상상력

　잡념에 시달리는 고통 역시 다른 고통들에 비해 결코 작지 않은 고통이고, 적지 않은 수의 사람들이 겪는 고통이다. 심한 경우에는 어느 한 곳에 집중할 수가 없어, 학생들은 학업 성적을 제대로 올리지 못하고 어른들은 생업을 제대로 수행해 내지 못하며, 나아가 두통을 겪고 현실을 제대로 파악하지 못하는 지경에까지 이른다고 한다. 잡념에 시달리지 않는 사람은 마음의 평화를 유지할 수 있어 행복한 사람이라고 평가할 수 있을 것이다. 그런데 문제는 유아기를 지나고도 잡념에 시달리지 않는 사람이 올바른 성장 단계에 있다고 할 수 있는가이다.

개인의 생애에서 잡념을 모를 만큼 집중력이 좋은 시기는 유아기다. 유아들의 의식은 현재, 이 순간에 집중되어 있다. 그래서 기억력도 뛰어나고 이들에게 하루하루는 매우 길고 생동적이다. 이들의 삶은 매 순간이 새롭고 신기하며 온전하다. 어른도 유아처럼 현재, 이 순간에 온전히 있을 수만 있다면 생생한 삶을 매 순간 누릴 수 있을지도 모른다.

그러나 유아도 어느 시기부터 잡념을 갖기 시작한다. 학교에서 수업 도중에 선생님의 말씀에 온통 빠져 있던 아이의 머릿속에 딴 생각이 일어 선생님의 말씀을 놓치는 경우가 점점 많아진다. 가정에서 부모님의 말씀을 듣는 중에도 생각은 다른 곳에 가 있는 일이 많아진다. "얘가 도대체 생각이 어디에 가 있는 거야?"라는 핀잔을 듣는 횟수가 늘어가고, 공부에 집중하는 것이 힘들어지기 시작한다.

동물들은 잡념에 시달리지 않는다. 이들은 언제나 현재, 이 순간에 있다. 이들에게는 과거나 미래라는 의식이 없다. 아니 그런 것을 의식할 만큼 성숙해 있지 않다. 현재까지 약 800만 년 정도로 알려진 인류의 역사에서 인류의 집중력은 다른 동물들과 마찬가지로 뛰어났었다. 학자들은 인류가 잡념에 시달리기 시작한 것은 오래된 일이 아니라고 보고 있다.

사람이 잡념에 시달리는 것은 정신적 성숙함을 누리는 것의 이면이다. 과거와 미래, 현재라는 시간을 인식할 수 있고, 동시에 여러 가지를 생각할 수 있으며, 하고 싶은 것이 많아지는 단계에 이르러 풍부한 사고를 할 수 있는 능력을 가진 사람의 정신적 활동이 경우에 따라 잡념이 되기도 하고 창조적인 생각이 되기도 하는 것이다. 어떤 특정한 생각이 그보다 더 중요한 일을 하는 중에 일어나면 잡념이 되고, 그렇지 않을 때 일어나면 창조적인 생각이 될 수 있다. 또한 그것을 잘 살려나가면 뛰어난 영감이 될 수 있고 그렇지 않으면 수많은 잡념들 중의 하나가 되고 말 것이다.

요즘 넘쳐나는 정보들에 의해 아이 어른 할 것 없이 많은 생각과 상상들을 하면서 이전보다 풍부해진 물질적 생활 못지않게 정신적으로도 풍부한 삶을 살고 있다. 이것은 진보를 거듭해온 인류의 역사에서 가장 큰 축복이기도 하다. 그러나 이들을 잘 관리할 수 있을 만큼 강한 정신력과 구체적 현실감각을 함께 키워 나가지 않으면, 이들은 통합되지 않고 낱개로 머물러 끊임없는 잡념을 불러일으키면서 우리의 현실감각을 갉아먹고 심하면 정신과 치료를 받아야 할 지경으로까지 우리를 몰고 갈 것이다.

물질적인 것이든 정신적인 것이든 혜택을 많이 누리면 누릴수록 더 많은 수련Askese이 요청되는 현실을 피할 수 없다. 그래서도 인생은 공평한 것인가 보다.

아인슈타인과 대통령

아랍인들의 거대한 영역 안에 땅을 확보하여 이스라엘 국가를 재건하는 일은 엄청난 노력과 피를 요구하는 일이었다. 그 수많은 노력과 고통의 시간 끝에 마침내 이스라엘 사람들은 대통령을 뽑는 참으로 행복한 시간을 갖게 되었다. 신중에 신중을 거듭한 논의 끝에 초대 대통령으로 결정된 사람은 아인슈타인이었고, 그 결정은 올바른 것으로 평가할 만한 일이었다. 1,000년에 한 번 나올까 말까한 뛰어난 천재 아인슈타인은 당시 누가 봐도 이스라엘의 초대 대통령 감이었다. 그런데 이 생각에 동의하지 않은 사람이 있었다. 그는 바로 아인슈타인 본인이었다.

죽기 전날까지 우리가 살고 있는 우주의 시간과 공간 그리고 물질의 비밀을 풀기 위해 실험을 했다는 아인슈타인은 자신을 그러한 아인슈타인이 되게 한 결정을 여기서도 내린 것이다. 그는 자신의 뛰어난 업적으로 유대인의 우수성을 다시 한 번 입증했는데, 그 우수한 머리를 지닌 유대인들이 모두 모여 결정한 사항을 틀렸다고 하면서 자신의 판단을 꺾지 않았다. 이 결정을 통해서도 그는 아인슈타인으로 머물 수 있었다.

자신이 좋아하는 일, 잘 할 수 있는 일을 알아내서 일생동안 그 일을 하면서 살아갈 수 있도록 자신의 길을 개척해 나가는 사람은 참으로 행복한 사람이다. 그는 자신을 행복하게 하고, 이웃을 행복하게 하며, 국가와 인류를 행복하게 할 수 있다. 그에게는 하고 있는 일이 더 이상 노동이 아니고 놀이며 삶이다. 그 일을 하면 할수록 행복해지고, 누군가가 하지 말라고 하거나 권력을 쥔 사람이나 기관이 그 일을 못하게 하면 불행해진다. 그는 그 일을 통해서 세속적인 부귀영화를 탐하지 않는다. 그 일을 할 수 있는 것 자체가 그에게는 부귀영화다.

우리의 사회, 교회, 학교, 직장, 마을, 거리, 지상 공간이나 지하 공간 어디든 이런 사람들로 채워지면 좋겠다. 자신이 좋아하는 일을 하면서 생계를 비롯한 주변적인 모든 것을 해결해 나가는 사람들로 채워지면 좋겠다. 자신이 하고 있는 일에 전문지식과 자부심을 가지고 있어 자신감과 책임감을 가진 사람들로 채워지면 좋겠다. 자신이 하고 있는 일을 기쁨으로 성실하게 수행하기에 다른 사람들이 하고 있는 일도 그 전문성과 책임감을 믿어 주는 사람들로 채워지면 좋겠다. 다른 사람들이 그러한 전문인으로 성장해 나가도록 배려하고 도와주면서 기다려 주는 사람들로 채워지면 좋겠다.

이것을 남에게 기대하면서 세월을 보낼 것이 아니라, 나 자신부터 이런 사람으로 이 세상에 존재하도록 해야겠다. 나 자신이 무엇을 좋아하고 무엇을 잘할 수 있는지, 그것을 좋아하고 지속적으로 해도 되는 것인지, 하면 할수록 자신과 이웃에게 도움이 되는 일인지, 정확하게 판단하여 에너지와 시간과 지성을 쏟을 줄 알아야겠다. 그것을 찾아냈으면 확신을 가지고 지속적으로 걸어가는 용기와 고집도 있어야겠다.

뛰어난 천재 아인슈타인도 이혼과 재혼의 아픔과 잡음들에 시달린 것을 보면, 항상 옳은 판단만 할 수는 없나 보다. 그래도 그가 인류에게 비춘 빛이 너무나 밝기에 사람들은 그가 가졌던 어두운 부분들에 대해서는 눈감아 주는 것 같다. 비난의 화살보다는 그와 그의 가족이 겪었을 고통에 연민의 정을 느끼면서….

오늘따라 아인슈타인의 천재성과 사람들이 그에게 베푸는 감사와 관용이 더욱 가치 있게 여겨지고, 전문성을 키워 나가는 사람들이 그리워진다.

틱낫한의 평화

최근 들어 언론을 통해 틱낫한 스님의 이름과 활동을 종종 접하게 되었다. 처음에는 대수롭지 않게 여기며 슬쩍슬쩍 보고 넘겼으나, 달라이 라마와 대등한 분으로 평가하는 기사를 보고 설마 그럴까 싶기도 하면서 관심을 갖게 되었다. 평소 존경하고 있던 달라이 라마가 영국의 수도회신부들을 주 대상으로 하여 피정을 지도한 피정 강의 원고인 「달라이 라마 예수를 말하다」라는 책을 읽고 다시 한 번 참으로 뛰어난 분이라는 생각을 하던 참이었기 때문이다.

그러다 기사 내용이 점점 와 닿아 마침내 그가 저술한 「마음에는 평화얼굴에는 미소」란 책을 읽기 시작했다. 내가 이 책에서 다루는 주제 못지않게 폭 넓은 그의 글이 서서히 마음을 끌기 시작했다. 그리고 그가 가진 평화가 내 마음의 평화로 전이되어 왔다. 내가 안셀름 그륀 신부의 「다시 찾은 기쁨」을 번역하면서 참으로 기쁨을 느꼈고, 「태양을 먹고사는 아이들」과 「식물이 여행을 포기한 까닭은?」이란 책을 저술하면서 자연과의 일치와 마음의 순수함을 깊이 느낀 이래로 오랜만에 참된 동감과 평화를 느꼈다. 그의 글에는 비판하고 싶은 부분이나 반감이 가는 부분이 전혀 없었다. 그동안 수없이 많은 책을 읽었지만 이 책만큼 그 내용에 동의한 책은 없었다.

'내 마음속의 은자, 우리는 이미 도착했다, 지금 이 순간이 가장 경이로운 순간, 깨어 있는 마음의 기적, 노래하고 싶다면 노래하라, 마음의 씨앗을 심는 법, 지금 이 순간의 행복, 내가 여기에 있기에 그대가 거기에 있다, 첫사랑에 대하여, 마음에는 평화 얼굴에는 미소, 모든 발걸음마다 평화가, 매화 마을에서 온 소식, 이 책 속에 구름이 있고 태양이 있다' 등이 틱낫한이 이 책에서 하는 이야기의 주제다. 이 이야기들을 하나의 주제로 압축한다면 '지금 이 순간이 가장 경이로운 순간'이라 할 수 있다. 그가 하는 모든 이야기는 이 이야기에서 출발해서 다시 이 이야기로 돌아온다.

스님은 "그대가 찾고 있는 모든 멋진 것은 그대 안에서 발견할 수 있다. 행복과 평화, 기쁨은 그대 안에 있다. 그대는 굳이 다른 곳으로 찾아갈 필요가 없다"고 말씀하시고 이어서 다음과 같은 말씀들도 하신다. "그대의 진정한 집은 지금 이 순간 속에 있다. 지금 이 순간 살아 있는 것은 하나의 기적이다", "우리가 행복해지기 위한 조건은 이미 충분하다. 우리는 단지 지금 이 순간에 존재하기만 하면 된다", "명상은 삶의 매순간을 깊이 사는 것이다", "그대는 하늘나라에 들어가기 위해 세상을 떠날 필요가 없다. 하늘나라에 들어가려면 그대는 지금 이 순간에 살아 있어야 한다. 무엇이 그대로 하여금 살아 있게 하는가? 바로 깨어 있는 마음이다", "깨어 있는 마음이란 지금 이 순간에 일어나는 일을 자각하는 능력이다", "우리는 꽃과 조약돌, 새와 구르는 천둥을 통해 구원받을 수 있다. 모든 것이 우리에게 하늘의 메시지, 장엄한 우주의 메시지를 전해 줄 수 있다", "씨앗을 뿌리는 일은 시를 쓰는 일만큼 내게 큰 기쁨을 준다. 내게 한 포기의 상추꼭지나 박하풀은 한 편의 시만큼 시간과 공간에서 영원한 영향을 미치고 있다", "영원한 삶은 죽음을 포함하는 삶이다. 사실 죽음이 없는 영원한 삶은 불가능하다. 영원한 삶과 죽음은 동전의 양면과 같다", "지금 평화와 기쁨을 누리지 못한다면, 언제 평화와 기쁨을 누릴 수 있을 것인가?"

그분의 책을 가까이 두고 마음이 조급해지거나 어두워지면 다시 읽어 보아야겠다. 그런데 나는 이 이야기들에다가 부활 이야기를 보태고 싶다. 예수님의 부활은 나의 영적 생활의 출발점이었고 존재와 희망의 종착점이다. 현재 이 순간의 소중함도 예수님에 의한 부활의 희망이 있을 때 참으로 그렇다.

큰스님과 원로사제

성철 스님이 살아 계실 때 불교계는 흔들림 없이 튼튼해 보였다. 그분이 돌아가시고 얼마 후, 총무원장 자리다툼으로 스님들 간에 각목 싸움이 벌어지자 사람들은 '이제 불교가 한국 땅에서 몰락하나 보다' 라는 염려를 했다. 그런 일이 있던 시기에 친구인 효광스님이 주지로 있던 봉암사에 들르니 두 눈에 푸른 정기를 가득 담은 수많은 수행 스님들의 자태는 여전히 꼿꼿했다. 효광스님 역시 그런 일에 별다른 걱정이 없었고 아랑곳도 하지 않았다. 그러면서 봉암사 이야기를 해 주었다.

당시 사십대 초반이던 효광스님은, 외부인 출입을 금한 채 전국에서 가장 집중적으로 선을 수행하는 봉암사의 주지로서 절을 관리하고 손님을 맞는 행정 일은 자신이 하지만, 정신적으로는 30리 계곡을 포함한 800만 평에 이르는 경내 여러 곳에 말없이 계시는 큰스님들이 지주라고 했다. 큰스님들은 가끔씩 법문을 하는 것 이외에는 특별히 하는 일도 만남도 없지만 봉암사를 봉암사이게 하는 어른들이라는 것이다. 자신도 어서 사판事判의 일인 주지 임무를 마치고 이판理判의 일인 수행을 할 수 있게 되기를 하루하루 기다리고 있다고 했다. 그가 성실하게 주지 업무를 수행하여 4년 임기를 한 번 더 하도록 임명을 받았을 때에는 순순히 받아들이는가 싶더니, 얼마 후 수행을 하기 위해 그 자리를 홀연히 떠나고 말았다. 그는 지금도 이 땅 어디에선가 구름과 물을 벗 삼아 용맹정진 수행하면서 몸과 마음의 푸른 정기를 키우고 있을 것이다.

우리에게는 잘 알려져 있지 않고 알려지기를 원하지도 않는, 깨달음의 경지에 이른 마음 깊은 큰스님들이 전국 사찰 곳곳에 계신다고 한다. 아직 큰스님의 반열에 들지 않는 효광스님의 깨달음과 푸른 정기를 생각하면 큰스님들의 마음 그릇은 참으로 대단하여, 그 곁에 잠시라도 있어 본 사람들은 못내 잊지 못할 것이고 불교에 대한 희망을 결코 버리지 않을 것이다.

그래서 그런지 요즘 들어 양의 동서를 막론하고 사람들이 불교의 가르침과 생활에 더욱 관심을 기울이고 있는 것 같다. 우리에게 이미 친숙한 가톨릭 신부가 되려는 꿈을 접고 불교에 귀의한 현각 스님 이야기는 제쳐두더라도, 서양에서 불교에 상당한 관심과 호감을 보이고 있고, 국내에서도 개신교 신자 수는 서서히 줄어들면서 불교 신자 수는 늘고 있다고 한다. 얼마 전 내 연구실에 들른 독일의 원로 교수 한 분도 이제는 자신을 불교신자로 소개한다고 했다.

불교계의 이러한 현상을 보면서 나는 가톨릭교회에서 원로사제는 어떤 위치에서 어떤 역할을 하고 있나 생각하게 되었다. 연세가 들수록 그 가치를 더욱 높이 평가받는 큰스님들이 불교계에서 하는 역할과 70세 또는 그 이전에 은퇴하신 원로사제들이 가톨릭교회 안에서 하시는 그리고 하실 수 있는 역할에 어떤 차이가 있는지 곰곰이 생각해 본다. 어떤 결론도 맺을 수 없는 생각을….

분명한 것은 양적으로 팽창해 가는 교회 안에 불교의 큰스님과 같은 영적으로 깊고 마음이 넓은 어른들과 맑고 깊은 푸른 정기를 가진 희망의 젊은이들이 비례하여 많이 존재해야 할 것이라는 사실이다. 그러한 분들이 많이 성장해 나오도록 기도해 본다. 땅에 있는 우리가 최선을 다할 때 하늘에 계신 하느님께서도 최선을 다해 도우실 것이다.

회개 Metanoia

필자는 환경칼럼을 지속해 오면서 초기부터 함께해온 독자와 새로운 독자 모두에게 도움이 되는 내용이 되도록 하기 위해 종종 한 번씩 더 고심하곤 한다. 지나치게 시사적인 것보다는 세월의 흐름 속에서도 언제나 중요한 근원적인 것을 고찰하면서 현실을 바로 읽고 적용할 수 있는 지혜를 함께 발굴하는 계기가 되기를 바라고 있다. 이러한 생각의 일환으로 앞으로 여러 차례에 걸쳐 나의 정신적 스승인 로마노 과르디니의 영성을 소개하려고 한다. 그분은 현대 문명과 문화의 문제에 대해 많은 관심을 가져 시대를 앞선 예리한 통찰력으로 인류가 나아갈 길을 제시했던 분으로 잘 알려져 있다. 여기에 소개하는 내용은 「인간에의 연민: 현대 문명과 공해 문제에 대한 신학적 고찰과 비판 및 방향 제시」에서 제시한 것으로서 본 칼럼에 맞추어 정리했다.

과르디니에 의하면 회개란 살아 계신 하느님과 관련된다. 회개한다는 것은 자신의 잘못을 인정하고 그것을 수정하고 회복시키려고 노력하는 것일 뿐만 아니라, 살아 계신 하느님을 정면으로 대면하는 것이다. 사랑으로 가득 찬 하느님은 피조물을 만들 능력이 있을 뿐만 아니라 잘못으로 얼룩져 고생하고 있는 그 피조물을 다시 깨끗이 정화할 능력도 지니고 있다. 회개한다는 것은 바로 이러한 하느님의 깊은 신비에 나아가는 것을 의미한다.

회개하는 자는 진실을 원하여 자신의 잘못을 감추지 않고 하느님 앞에 나아가 스스로 자신을 고발하며 하느님의 뜻이 실행되기를 청한다. 또한 하느님의 사랑과 은총을 믿고 냉혹한 정의에 의한 처벌보다 용서를 기다린다. 회개는 하느님의 용서를 신뢰하는 인간 안에서 일어나는 행위다. 용서하는 능력이 있는 하느님께 회개할 능력이 있는 인간이 나아가는 것이다.

그리고 회개 자체가 하나의 선물이다. 한 사람이 후회하면서 하느님께 나아가는 그 안에 벌써 하느님이 계시고 그 안에 하느님이 회개를 선사하신 것이다. 이러한 회개를 통해서 어떤 것이 드러날 뿐만 아니라 회개하는 내가 다시 태어난다. 나는 새롭게 시작하는 것이다. 과르디니는 이것이 깊은 신비이고 이것을 가능하게 하는 분이 살아 계신 하느님이라고 강조한다.

하느님은 나만이 아니라 나의 이웃, 동·식물, 당신이 만든 모든 것을 사랑하신다. 그러므로 우리 역시 아시시의 성 프란치스코가 존재하는 모든 동·식물들을 바라보았던 그 사랑의 눈으로 주변의 모든 것을 보아야 한다. 현대의 기술 문명이 가져다준 부정적인 요소들, 즉 자연을 마구 훼손하고 이용의 대상으로만 생각한 것에 대해서 회개하고 관계를 회복해야 한다. 또한 가난한 사람들에 대한 직접·간접적인 무관심과 아무 것도 하지 않는 것으로부터 회개하여 올바른 분배와 나눔의 관계를 갖도록 노력해야 한다.

마음을 비움

나와 너의 관계가 올바로 정립되기를 원한다면 우선 목적의식을 비우고 너를 있는 그대로 받아들여 너와 함께 살아야 한다. 너의 상황에 맞추어 그 상황이 요구하는 뜻에 따라야 한다. 진정한 우정과 사랑, 함께 일하는 데 있어서의 맑은 협동, 어려움을 당하고 있는 이에게 사심 없는 도움을 건네는 것 모두가 이러한 정신자세에서 가능하다. 만약 이 안에 어떤 종류의 목적의식이 개입되면 그 행위가 순수하지 못하고 굽어들고 만다.

목적의식이 적게 개입될수록 한 개인의 개성적 힘은 더 강해진다. 개성의 힘은 진실한 삶에서, 올바른 생각에서, 일에 대한 맑은 정신자세에서 그리고 깨끗한 의지에서 생겨난다. 이러한 것은 인간과의 관계에서뿐만 아니라 일과의 관계에서도 마찬가지다. 만약 어떤 사람이 자신의 목적의식, 즉 명예와 부를 추구하는 것에만 사로잡혀 일해 나간다면, 일에서 오는 기쁨과 자유를 놓치고 일의 노예가 되어 결국 그 일을 순조롭게 진행시키지도 못하고 말 것이다.

한 개인은 자신이 무엇을 원하는지, 삶을 어느 방향으로 전개하고자 하는지 알아야 하고 그것을 성취하도록 노력해야 한다. 그러나 그 과정에서 주변 상황과 일의 논리에 맞추어 나가야 한다. 이러한 삶을 가능하게 하는 것이 곧 마음을 비우는 것이다. 순수한 창조적 행위는 이러한 자세에서 가능하다.

오늘날 일을 하는 데 있어서 이용과 성취를 먼저 생각하는 경향이 점점 더 강해지고 있다. 이러한 상황에서 마음을 비우는 것은 매우 중요한 것으로 부각되고 있다. 오직 마음을 비운 자세에서 자유롭고 의미 있는 일이 이루어질 수 있고, 이렇게 일하는 사람만이 진정한 풍요함을 쌓을 수 있다.

이러한 사실에서 우리는 삶의 깊은 이율배반적인 요소를 만난다. 한 개인이 자신에 대해서 적게 찾을수록 더 자기 자신이 되는 것이다. '나', '나에게', '나를' 등이 강조되는 곳에서는 오로지 자신만을, 자신의 쾌락과 의지의 성취만을 집착하게 되어 참된 인격의 본모습이 가려지고 만다.

성인聖人들이란 바로 폐쇄적인 자아로부터 벗어나 자유로운 참된 자아를 키워나간 사람들이다. 그들은 자신을 중요한 존재로 강조하지 않으면서도 강한 자로 있다. 탐욕이나 불안도 없이 자신의 빛을 발한다. 이들 주변에서는 사물들도 자신의 모습대로 질서정연하게 존재한다. 이들은 하느님께 열려 있어 자신 안에 하느님이 들어오실 수 있게 하고, 하느님의 힘과 진리, 질서 그리고 평화가 세상 안에 들어올 수 있게 한다.

우리 모두는 하느님으로부터 고유한 가치를 부여받았다. 서로 목적의식을 떨쳐버리고 있는 그대로 자신을 열어 서로 순수하게 다가갈 때 각자 안에 있는 이 고유한 가치에 참여하게 된다. 아시시의 프란치스코 성인에게는 모든 존재 사물이 형제 · 자매였다.

자기 수련

인간에게 본능은 짐승의 경우와는 다른 차원의 성격을 지니고 작용한다. 본능은 정신에 의해 깊고 강해지며 여러 가지 가능성을 갖는다. 그러나 또한 짐승들에게 있는 구조적 질서로부터 벗어나서 질서를 잃고 위험하게 된다. 자기 수련Askese이란 인간이 인간이기를 노력하는 것과 같다.

인간은 자기 질서 안에서 그대로 살아나가기만 하면 되는 짐승과는 달리 자신의 본능이 한쪽으로 치우치거나 지나치지 않도록 조절해 나가야 할 필요성을 갖고 있다. 본능 그 자체는 부정적이거나 죄스러운 것이 아니고 인간의 한 부분이어서 삶의 모든 영역에 드러난다. 이것은 인간에게 있어서 생명 에너지의 원천이다. 그래서 본능을 약화시키려는 모든 시도는 생명을 약화시키려는 것이며 정당화될 수 없다.

윤리와 종교의 역사에서 본능은 단순히 육체적인 것, 쾌락을 추구하는 악으로 여겨지고, 이에 반해 정신은 좋은 것으로 여겨지는 경향이 깊이 뿌리내리고 있다. 이 안에는 분명히 어떤 고귀한 뜻을 가진 동기가 있겠으나, 그 자체는 인간의 영혼과 육체를 분리시킨 이원론으로서 위험한 착각을 내포하고 있다. 자기 수련은 자신의 본능을 경시하여 거슬러 싸우고 약화시키려는 것이 아니라 그것에 일정한 질서를 가하고자 하는 것이다. 자기 수련은 이웃 사람들과의 관계와 자신의 일에서 오는 의무, 자신의 건강 상태 등에 따라 다양한 측면을 지니고 있다. 상황에 따라 날마다 새로운 과제들이 생겨나는데, 이것을 올바로 수행해 나가기 위해 노력하는 것이 곧 자기 수련이다.

자기 수련이란 고행을 하기 위한 것이 아니라, 진리 안에서 올바른 삶을 살아가기 위한 훈련이다. 우리 삶에 필요한 여러 가지 가치들 중에는 더 중요한 것과 덜 중요한 것이 구분되는 위계질서가 있다. 그런데 우리의 삶은 시간과 공간에 제한을 받고 있으므로 모든 것을 다 가지거나 성취해 낼 수 없다. 더 중요한 것은 택하고 덜 중요한 것은 버릴 수 있어야 한다. 이것을 할 수 있는 능력을 키우는 것이 바로 자기 수련이다. 자기 수련은 자신의 좁은 주관적 감정과 단견으로부터 벗어나 자신의 참된 주인이 되어 자유로운 삶을 구가하는 데 필수불가결한 요소이다.

우리 시대에 수련이 필요하다는 사실은 교회의 지도자들뿐만 아니라 사회 각계각층의 지도자들도 잘 알고 있다. 소유보다는 존재에 더 관심을 가지게 하고, 과욕에서 벗어나 절제하게 하며, 물질세계보다는 정신세계를 키워 나가게 하고, 외모는 검소하고 내면은 풍부하게 하는 데에 자기 수련이 필요하다. 자기 수련을 통해서 인간은 내면으로부터 풍요한 참 기쁨을 가질 수 있으며, 삶을 자유롭고 밝게 영위해 나갈 수 있다.

강한 물질적 소비욕구를 스스로 제어하여 검소한 내적 태도를 가짐으로써 정신세계를 더욱 풍요하게 키울 수 있고 삶에 대한 책임감을 성숙시켜 나갈 수 있다.

정의

 오늘날 우리 사회가 혼란하고 정체되는 큰 이유들 중 하나가 정의 실현의 결핍이다. 평화와 번영은 오직 정의가 실현되는 곳에서만 가능하다. 사랑도 정의가 있는 곳에서 가능하고 정의를 실천하는 것이 곧 사랑을 실천하는 일 중 하나다. 세상 안에 분쟁과 갈등이 끊임없는 이유도 정의가 올바로 실현되지 않는 경우가 많기 때문이다. 대부분의 갈등과 싸움은 건강한 노동의 수고를 스스로 하지 않고 남이 고생하여 이루어 놓은 것을 자신의 것으로 취하려는 데에서 발생하고, 정의로운 결과를 받아들이지 않고 불만을 품는 데에서 발생한다.

 정의는 오로지 인간에게만 해당된다. 잘 훈련된 개나 말의 행위들이 종종 정의롭게 보일 수 있지만 그것은 그와 함께 사는 사람이 가진 정신의 한 표현에 지나지 않는다.

 인간은 인격체로서 자신과 이웃을 위해 자신의 고유한 정신적 가치를 가질 수 있기를 바란다. 과르디니는 이것을 정의에 대한 요청으로 보고 있다. 정의란 인격적 존재인 인간이 세계와 자신에 대해서 아무의 침해도 없이 고유한 판단과 사고를 가질 수 있는 것과, 자신이 판단의 주인이 되어 그것에 따라 행동할 수 있는 질서를 의미한다. 정의는 또한 자신의 양심적 판단에 따라 세계 안에 참여하여 함께 일해 나가는 것, 다른 사람들과 우정, 협동, 사랑 등의 관계를 가지는 것, 즉 존재의 질서를 의미한다.

 이러한 존재의 질서가 정의이고, 이것을 원하고 실현되도록 노력해 나가는 사람을 정의로운 사람이라고 할 수 있다. 과르디니는 하느님의 정의로운 섭리에 의해서 정의가 개인과 사회 안에 실현될 수 있다고 보았다.

 우리는 일상생활 안에서 종종 참된 정의로부터 멀리 있는 자신을 발견하게 된다. 완벽한 정의의 실현은 오로지 하느님의 섭리에 의해서 가능하다. 그러나 우리 자신의 의지와 노력에 따라 정의가 이 땅 위에서 조금이라도 더 실현되도록 협조할 수 있다. 마음의 눈을 열어 이웃에 대해 조금만 더 관심을 가지면 가능할 것이다. 마태오 복음 25장 31-46절에서 예수님은 "이 지극히 작은 내 형제들 가운데 하나에게 해준 것이 곧 나에게 해준 것이다."라고 말씀하신다.

우리에게 누가 주님의 지극히 작은 형제들인지는 어렵지 않게 알 수 있다. 소외된 사람들, 배고프고 무기력한 사람들 …, 바로 이들이다.

하느님께 대한 사랑은 이웃에 대한 사랑으로 측정된다.

자비

자비란 어떠한 위기 상황도 원하지 않고 수동적으로 무엇이든 일어나도록 내버려두는 것과는 다른 강하고 깊은 것이다. 진정한 자비는 살아 있는 사람에게 자유로운 활동이 가능하도록 삶의 공간을 제공한다. 자비는 관용으로 타인을 용서하고, 그를 신뢰하기에 자유롭게 하며, 삶을 새롭게 시작할 수 있도록 한다.

질투와 시기에서는 무자비가 발생한다. 자비는 나에게 없는 어떤 것을 타인이 가지면 그것을 인정해 주고 함께 기뻐한다. 자비가 순수할수록 그만큼 더 힘이 강해진다. 완벽한 자비는 다할 줄을 모른다. 진정한 자비는 상대의 고통을 이해하고 그 고통에 함께 참여하는 것에서부터 가능하고, 인내가 함께한다.

과르디니는 자비의 중요한 요소 중 하나로 유머 감각을 들고 있다. 유머 감각은 존재하는 고통을 쉽게 지고 나가게 하는 힘이 있다. 다른 사람을 단지 심각하게만 대하고 항상 윤리적이고 교육적으로만 대하는 사람이 있다면 그와 지속적인 관계를 유지해 나가는 일은 무척 힘들 것이다. 삶에는 논리를 벗어난 별난 것들도 많다는 사실에 대한 안목이 결핍되어 있기 때문이다.

과르디니는 모든 인간사에는 우스꽝스러운 요소들이 언제나 함께한다고 보았다. 어느 한 사람이 자신을 특별히 뛰어난 존재, 귀중한 존재라고 주장할수록 우스꽝스러움은 커진다. 유머 감각은 인간을 지속적으로 존중하는 마음으로 대하려고 노력하지만, 인간 자체의 별난 성질을 인식하고 이것을 웃음으로 받아들인다. 이러한 인간 존재의 별난 성질에 대한 다정한 웃음, 이것이 곧 유머이다. 유머는 자비로워지는 데 큰 도움이 된다. 웃음 다음에 진지성을 받아들이기란 그만큼 더 쉬워지기 때문이다.

자비는 또한 조용하다. 진정한 자비는 자신을 앞세우지 않고 많은 말을 하지도 않는다. 자비가 깊으면 깊을수록 그만큼 더 조용해진다. 자비는 바로 매일의 일상생활을 가능하게 하는 빵과 같은 것이다. 자비가 빠진 삶과 정치는 냉혹하기만 하여 살맛을 가지기 어렵다.

하느님은 본질적으로 자비로우신 분이다. 세상이 존재하는 것 자체가 하느님의 끝없는 자비에 기원을 두고 있다. 현시대는 하느님의 자비를 닮은 사람, 풍부한 유머 감각을 가진 사람을 특별히 필요로 한다.

과거에는 나에게 막강한 힘을 행사하던 사람이었으나 오늘날에는 나의 자비를 필요로 하는 사람을 자비로 대할 수 있는 유머 감각이 필요하다. 또한 막강한 힘을 지녔었으나 오늘날에는 그 반대의 입장에 서기도 하는 자연에 대해서도 자비와 사랑으로 대할 수 있는 유머 감각이 필요하다.

자비로우신 하느님은 모든 인간과 자연에 대해 자비롭기를 원하신다.

감사

감사하는 것은 오직 인격체인 나와 너의 관계에서만 가능하다. 우리는 법률이나 기관 또는 보험 등에 감사하지 않는다. 또한 자동차나 기계 등이 정상적으로 잘 움직이고 아침에 해가 솟아오른다고 기계나 해에 감사하지 않는다. 감사는 오직 인격체들의 자유로운 관계 안에서 가능한 것이다. 과르디니는 자유로운 행위가 가능하지 않는 곳에서는 감사도 가능하지 않다고 했다.

　감사에 있어서 중요한 요소는 베푸는 사람은 받는 사람의 인격을 존중해야 한다는 것이다. 그렇지 않을 경우에는 그의 정체성에 손상을 입힐 수 있다. 주는 사람은 그 행위를 통해서 자신의 물질적 · 정신적 권력을 행사하지 않아야 한다. 받는 사람이 자신보다 우위에 있는 주는 자의 권력을 느낀다면 굴욕감이 일어날 뿐 감사하는 마음은 사라지고 만다.

　진정한 베풂, 진정한 받음과 감사는 아름답고 깊은 인간적인 일이다. 감사하는 마음이 일어나는 경우는 단순히 물질적 궁핍에 대한 도움이 있는 곳만이 아니라 다정한 우정이 있는 곳, 기쁨이 있는 곳, 아름다움을 창작해 나가는 곳, 삶을 활기 있게 하는 곳 등과 같은 인간적인 일 곳곳에 있다.

　과르디니는 베풂과 감사를 기계적인 행위나 짐승들에서와 같이 본능에 따라 움직이는 행위에서 벗어나 인간적인 삶이 되게 하는 일종의 신적 영역의 반영으로 보았다. 세상이 존재한다는 사실과 나에게 삶이 주어져 있고 지금도 끊임없이 뭔가를 계속 받고 있다는 사실이 나로 하여금 하느님께 감사하게 한다. 이러한 감사행위는 인간의 존재 양식 안에 기본적인 요소로 늘 함께한다.

　감사는 또한 겸손한 사람의 행위이기도 하다. 감사하는 사람은 물질적인 것이든 정신적인 것이든 그가 가진 것은 처음부터 당연한 것으로 주어진 것이 아니라 하느님으로부터 자신에게 선사된 것이란 사실을 알고 있다.

　오늘날 넘쳐나는 물질적 풍요와 지적 풍요, 만남의 풍요에도 불구하고 각종 불평불만 속에 있는 사람은 감사에 대해 다시 한 번 깊이 생각해 보아야 한다. 감사하는 마음은 자신을 행복으로 인도하는 출발점이자 종착

점이다. 감사는 단순히 받은 어떤 것에 대한 정신적 보상으로 취하는 태도만이 아니라 존재를 긍정하는 방식이기도 하기 때문이다.

삶을 함께 나누는 사랑스런 사람들, 평화로운 땅, 예쁘게 차려진 식탁, 매일 다가오는 새로운 날들, 이 모든 것이 다 감사의 대상이다. 감사는 이 모든 것을 우리에게 주신 분, 즉 하느님을 찬미하게 한다. 이것은 또한 우리를 기쁘고 행복하게 하며 서로 나누어 풍요하게 한다.

마음을 모음

최근 들어 일선 교육에 종사하고 있는 사람들과 심리학자들은 마음을 모으는 것의 중요성을 다시 강조하고 있다. 삶은 나의 내면과 나를 둘러싼 외부 세계와의 끊임없는 통교, 즉 각종 물질들과 정보들이 들어오고 나가는 작업의 반복으로 이어지고 있다. 밖의 세계는 내면에 들어와서 취사선택되고 내면의 세계는 밖의 세계에 의해 계속 호출된다. 이러한 두 세계 사이에서 어느 한쪽으로도 치우치지 않고 조화를 이루는 사람이 건강한 삶을 누린다.

그러나 오늘날의 일상생활에서는 바깥에서 불러대는 강도가 너무나 강하다. 각 개인은 자신의 고유한 삶의 영역을 가질 공간과 시간을 확보하지 못하고 외부의 여러 가지 자극들에 지속적으로 노출되어 있다. 이러한 상황에서 현대인들 중에는 자신 안에 자아의 중심을 가진 사람이 드물어졌다. 늘 무엇인가에 쫓기면서 여유 없이 살아가고, 어쩌다 혼자 있게 되면 그것을 견디지 못하고 당혹해 한다.

마음을 모으는 것은 하느님과 함께 있으면서 그분과 대화를 나누는 것을 의미한다. 이것은 나와 더불어 있으면서 마음을 고요하게 열어두고 있을 때 가능하다. 여기에서 하느님의 음성이 양심 안으로 건너온다. 하느님의 음성은 당신의 나라를 매순간 구현해 나가도록 섭리한다. 마음을 모은 사람만이 이것을 알아듣고 실행해 나갈 수 있다.

이것은 인간과의 관계에서도 마찬가지다. 마음을 모으지 못하는 사람은 인간과의 관계를 마치 사물과의 관계처럼 해 나간다. 안절부절못하면서 부산하게 무엇인가를 늘 하려 하지만, 제대로 이루어 내는 것은 없다. 마음을 모으는 사람만이 사람을 사람으로 대한다. 창조적인 예술 행위도 마음을 모으는 사람이 할 수 있고, 자연과의 본격적인 만남도 그만이 할 수 있다.

마음을 모으는 사람은 자신의 중심에 있으면서 근본적인 것 안으로 들어갈 수 있다. 무한히 크시고 사랑이 가득한 하느님을 만나기에 피상적이고 겉도는 것들을 기꺼이 포기할 수 있다.

하느님은 늘 자신과 함께 있는 분이고, 바로 현재 이 순간 여기에 있는 분이다. 나는 그분으로부터 존재하고 그분 앞에 존재한다. 하느님과 함께하면 현재 이 순간 여기에 있게 된다. 곧 하늘나라에 참여하게 되는 것이다. 그러면 외부에서 다가와 나를 산만하게 하는 모든 것을 거슬러 조화로운 삶을 이룰 수 있다.

마음을 모으는 데는 무엇보다 고요함을 유지하는 것이 우선이다. 영·육간의 침묵 없이는, 일상의 부산한 삶에서 조금 뒤로 물러나오는 일 없이는, 혼자 있는 것 없이는 마음을 모을 수 없다.

자신을 있는 그대로 받아들임

나는 일반적인 사람들 속에 묻혀들어 상품에 번호가 매겨지듯이 처리되어도 좋은 그런 존재가 아니다. 특정한 성격과 더불어 이러저러한 능력과 약함을 소지한 구체적인 존재다. 자신을 있는 그대로 받아들인다는 것은 "될 대로 되어라" 또는 "어떻게 되어 가든 상관없다"는 식의 부정적이고 나약한 태도가 아니라 진실을 보고 인정하는 것을 의미한다.

인간은 동물들과는 달리 실제의 자기 자신보다 더 나은 존재를 생각할 능력이 있다. 자신이 되기를 원하는 형태를 머릿속에 그려 놓고 그것과 더불어서 살아갈 수도 있다. 그래서 실제의 자신을 있는 그대로 받아들이는 것이 쉬운 일이거나 지극히 당연하기만 한 것은 아니다.

자기 자신을 있는 그대로 받아들이는 것은 자신의 능력이나 가능성, 긍정적인 면뿐만 아니라 약함, 한계성, 부정적인 면까지도 수용하는 것을 의미한다. 나 자신을 더 계발하고 키우려고 언제나 노력해야 하지만, 우선 나 자신을 있는 그대로 수용해야 진실하고 튼튼한 바탕을 형성할 수 있다. 나의 실수와 죄스러움까지도 인정하고 받아들여야 그것을 극복해 나가는 작업을 시작할 수 있는 것이다.

각자는 자신이 처한 주변의 환경을 개선해 나가려고 언제나 노력해야 하지만, 먼저 노력해야 하는 것은 나의 환경을 있는 그대로 인정하고 받아들이는 것이다. 현대인은 자신의 삶에 대한 안전을 확보하려고 애를 쓰지만, 실제의 삶은 외부의 여러 가지 위험에 노출되어 있고 확고한 안전 보장은 쉽게 이루어지지 않는다. 이러한 삶을 그대로 받아들여야 한다. 아픔과 불행이 가져다 주는 쓰라림도 과감히 받아들여야 한다. 아픔과 불행에 대한 거부는 그것이 삶에서 지니는 의미를 상실하게 한다. 아픔과 불행을 옳게 이해하여 지고 나갈 때 그것은 삶을 더욱 깊게 하고 정화시킨다. 그러한 모든 사건들도 가벼워지고 고통 안에서 깊은 자유를 체험하게 된다.

자신을 있는 그대로 받아들이는 것은 내가 존재하고 있는 이 사실에 긍정적으로 동의하는 것이다. 그러나 이것은 단순히 인간적인 노력만으로 가능하지 않고 살아 계신 하느님을 신뢰하는 데에서 가능한 것이다. 어떤 심오한 철학적 가르침에 의해서가 아니라 하느님의 창조 사업에 대한 믿음과 일치로 가능한 것이다.

이러한 고찰로 우리는 자신의 한계와 완벽하지 못한 삶, 부족한 이웃과 존재하는 모든 문제를 있는 그대로 받아들여야 한다는 것을 알게 되었다. 그렇다고 해서 존재하는 복합적인 문제들에 대해 눈을 감은 채 되는 대로 두고 보아야 한다는 것은 아니다. 자신과 후손을 위해서 용기를 내어 개선을 위해 최선의 노력을 해 나가야 한다.

우리 시대에 성인이 되는 길

구약 시대의 성인이란 십계명을 잘 지키는 사람을 의미했다. 복음에서는 십계명을 예수 그리스도께서 두 계명으로 압축하신 것, 즉 "네 마음을 다하고 네 목숨을 다하고 네 정신을 다하여 주 너의 하느님을 사랑해야 한다. 네 이웃을 너 자신처럼 사랑해야 한다"(신명6,5; 마태 22,37-39)는 것을 깊이 이해하여 경건하게 받아들이고 실천에 옮기려고 애를 쓴 사람들이 성인의 대열에 들었다.

신약 시대의 성인이란 그리스도인들을 의미했다. 당시의 상황에서 그리스도인으로서 사는 것 자체가 하나의 특별한 일이었다. 그리스도인이 되는 것은 자신의 주변 사람들과는 다른 생각과 종교를 받아들임으로써 그들과 멀어지고 경우에 따라서는 가족과의 이별이나 죽음도 감수해야 하는 것이었기 때문이다.

그러나 콘스탄티누스 황제에 의해 그리스도교의 자유가 선포된 이후부터는 상황이 달라졌다. 그리스도인 숫자가 불어나면서 외적으로나마 그리스도인이란 명칭을 가지는 것이 당시 사회에서 건강한 시민으로 살아가는 데에 좋은 조건이 되었다. 이렇게 되면서 그리스도인을 성인이라고 할 수 없게 되었다.

이러한 상황에서 성인이 되려는 사람은 일반 사람들이 할 수 없는 특별한 일을 해내야만 했다. 가장 먼저 여기에 해당되는 사람이 순교자였다. 사막에서 고독 속에서 영혼의 정화를 위해 애쓴 수도자들도 여기에 속했다. 아시시의 프란치스코와 클라라처럼 하느님 안에서 가진 것을 다 나누어 주고 청빈한 가운데 모든 존재와 일치하여 사랑의 삶을 살아간 사람들도 여기에 속했다. 튀링겐의 엘리사벳이나 빈첸시오 드 폴처럼 가난한 이웃의 아픔과 궁핍을 도와주려고 애를 쓴 사람들도 여기에 속했다. 캔터베리의 안셀모나 토마스 데 아퀴노와 같이 구원의 진리를 밝히려고 정력적으로 전 생애를 투자한 사람들도 여기에 속했다. 파트리치오나 보니파시오, 프란치스코 하비에르처럼 복음 전파에 열중한 사람들도 여기에 속했다.

이들의 다양한 삶에서 공통적인 것은 바로 일상적인 것을 뛰어넘어 어떤 특별한 것을 이룩했다는 점이다. 이들은 모두 한결같이 하느님의 사랑에 사로잡혀 일상적인 것을 벗어나서 특별한 업적을 이룩했다. 이것으로 이들은 예수 그리스도의 증거자가 되었고 세상의 빛과 모범이 되었다.

이것은 그리스도인들이 최근까지 성인들에 대해 가졌던 생각들이다. 우리는 아직도 모범적이고 뛰어난 사람들을 필요로 한다.

한편 현대인은 새롭고 경이로운 일들을 즐겨 찾는 경향을 지니고 있지만 특별히 뛰어나다고 선전하는 것에 불신을 품고 있다. 특별하다고 선전되는 부산한 것들 안에 들어 있는 허망함을 자주 체험하고 깊이 보기 때문이다.

현대에 들어 학문과 기술 그리고 사회 구조 등의 발전과 변화의 속도가 매우 빠르고 정보의 양이 엄청나서 어느 한 개인이 그 모든 것을 파악하고 수행해 나가는 것은 불가능해졌다. 그래서 뛰어난 인물들이 차지했던 자리에 함께 일하는 그룹, 즉 팀이 등장하게 되었다. 여기서는 어느 누구도 자신을 특별하게 드러내지 않지만 개개인 모두가 중요한 위치에 있다. 각자는 자신의 위치에서 맡은 것을 수행하지만 동시에 전체를 책임지고 있다.

이러한 현상은 우리 시대의 성격을 말해 주고 있다. 특별한 것은 물러나고 개인은 드러나지 않지만, 각자 안에 전체에 대한 책임의식이 깨어나고 자신의 새로운 의미를 획득하게 된다.

과르디니는 18세기에 쟝 드 코사드가 저술한 「하느님의 섭리를 따름」이라는 책의 내용을 우리 시대의 성인이 실천해야 할 예로 소개했다. 이 책에 의하면 성인이 되기를 원하는 사람은 어떤 특별히 뛰어난 일을 할 필요가 없다. 자신이 처한 상황에서 매순간 요청되는 일을 해나가면 된다. 미래를 내다보시는 하느님께서 모든 것을 인도하시므로 상황이 요구하는 것을 더도 말고 덜도 말고 그대로 하면 된다. 하느님을 사랑하는 것도 바로 지금 이 순간 이 상황에서 내가 해야 할 일을 행함으로써 가능하다. 그것을 순수하고 기꺼운 마음으로 해 나가면 된다는 것이다.

여기서 성인에 대한 생각은 과거의 것과는 매우 다르다. 특별한 일을 해야 한다는 말은 언급도 되지 않는다. 자신의 이해력을 동원해서 외부 사물의 논리를 파악하고 그것이 이루어져야 하는 대로 해 나가면 된다. 그러면 그의 양심은 하느님과의 지속적인 통교로 깊어진다. 그의 일은 세상 안에서 이루어지고 있지만, 바로 이 세상을 만드신 하느님의 뜻을 채우는 것이다.

이것이 되도록 하는 것이 곧 사랑이다. 이 사랑 안에 깊은 진리와 순수한 태도를 향한 길이 놓여 있다. 이 안에 "네 마음을 다하고 네 목숨을 다하고 네 정신을 다하여 주 너의 하느님을 사랑해야 한다. 네 이웃을 너 자신처럼 사랑해야 한다"라는 주님의 계명이 놓여 있고 성스러움이 시작된다.

이러한 것이 이루어지는 동안 그는 드러나지 않는다. 세상을 만드신 하느님과 그것을 보호하고 가꾸도록 위임받은 인간이 일치한 가운데 조용히 이루어진다. 여기에 내적 자유가 있고 여러 가지 걱정과 고뇌 중에서도 안정과 기쁨이 있다.

이것을 통해 오늘날의 복잡한 문제들을 극복하기 위해 우리 각자가 해야 할 일이 무엇인지 분명히 드러난다. 우리가 처한 상황이 요구하는 것을 자신이 할 수 있는 만큼 해 나가는 것이다. 자신이 할 수 있는 일이 지극히 작은 것으로 제한되어 있어도 모두 함께 해 나가면 문제의 극복을 희망할 수 있다.

현재 상황에 대한 분석은 우리를 부정적인 생각으로 빠져들게 하지만, 우리의 삶에 대한 애착과 경외심의 강도는 충분히 강하여 결국 긍정적이고 희망적인 방향으로 나아가게 한다. 삶에 대한 우리의 의지가 현존하는 모든 문제보다 더 강하기 때문이다.

우리에게 삶을 주시고 충만하게 살아가기를 원하시는 하느님께 대한 믿음으로 우리는 현존하는 위협적인 문제들을 극복해 나갈 수 있다. 이러한 그리스도교적 희망으로 우리는 환상적이고 극단적인 낙관주의와 우리를 약하게 하고 삶을 파괴하는 부정적 염세주의와 허무주의를 극복해 나갈 수 있다.